{ 착한 리본공예 DIY 레시피,
진짜 ✓ **왕초보를 위한 핸드메이드 리본핀**
Handmade Ribbon-pin for Beginners }

www.ymg.kr

저자소개_

은아리본 김지은

예쁜 리본은 모두 직접 손으로 만들어 봐야 직성이 풀리는 리본공예를 사랑하는

평범한 아줌마이자 '은아리본'으로 활동하는 리본공예 블로거.

전문적으로 리본공예를 배우지는 않았지만 타고난 감각과 손재주로 만드는 독특하고

예쁜 리본을, 누구나 쉽게 배울 수 있게 도안까지 공개하면서 유명 블로거로 활동하고 있다.

현재 네이버 은아리본 블로그 http://blog.naver.com/jelove8217와 함께 오프라인 은아리본

공방을 운영하면서 다양한 도안과 팁 등 리본공예에 관한 다양한 정보를 제공하고 있다.

〈저자모심〉
더 좋은 책을 만들기 위한 노력이 지금도 계속되어지고 있습니다. 어떤 책이라도 좋습니다.
여러분의 지식을 독자들에게 나누어 줄 훌륭한 선생님을 모십니다.
※문의전화 : 070-7636-9115 / 010-3182-1190(예스미디어)

〈저자와의 만남〉
책 내용에 관한 궁금한 사항이나 건의 사항 및 편집과정에서 혹시라도 발생될 수 있는 오탈자 등에 대한 의견을 주시면
적극 반영하도록 하겠으며, 채택된 의견에 대해서는 소정의 선물을 증정하여 드립니다.

앞으로도 저희 출판사는 고객의 입장에 서서 부단히 노력하여 더 좋은 책으로 보답하겠습니다.
※보내실 곳 : ymgbook@daum.net

_들어가는 말

    여름의 초입에서 시작한 작업이 드디어 결실을 보게 되었습니다.
    처음 리본을 잡았던 그 순간부터, 지금 이 순간까지 단 한 번도 즐겁지 않은 적이 없었던 것 같습니다.

    평범했던 아줌마에서 만 명이 넘는 이웃을 가진 블로거가 되기까지 많이 고민하고 노력하던 순간들이 있었습니다.
    저도 분명 초보인 시절이 있었고, 그 시절을 회상하며 좀 더 체계적이고 구체적으로 리본공예를 알려드리고 싶은 마음으로 책을 내게 되었습니다.
    여타 다른 책에 비해 기본 리본에 충실할 수밖에 없는 이유는 가장 접근하기 쉽고 이해하기 쉽고 구하기 쉬운, 기초적인 원칙에 입각해서 리본공예를 어렵지 않게 친근하게 하실 수 있도록 했으면 하는 바람에서 되도록 기본적인 재료로 만드실 수 있게 하기 위함입니다.

    출판이라는 큰 꿈을 이룸에 도움을 주신 예스미디어 관계자 여러분과, 항상 힘이 되어주는 언제나 뭉클한 이름 엄마, 아빠, 너무 사랑하는 우리 꼬맹이 아들, 소중한 친구 수희양, 선민양, 혜경양, 그리고 현재 내 곁을 지켜주고 응원해주는 든든한 우리 밭팸 식구들 (밭,영,쿨,냥,필,호) 마지막으로 제 리본공예의 원동력 블로그 이웃님들께 무한한 감사를 드립니다.

― 은아리본 ―

목차_

리본구입 6

이 책에서 사용되는 대표적인 리본 8

리본공예의 기본 Tip 10

Part. 1
리본공예의 기본기법 16

1. 기본보우 18
2. "N"보우 18
3. 더블 "N"보우 19
4. 싱글나비보우 19
5. 더블나비보우 20
6. 트위스트보우 20
7. "X"자 보우 21
8. "8"자 보우 21
9. 원형개더 22
10. 입술마무리 22

Part. 2
공단리본 24

1. 심플리본 26
2. 리본 드 베아트리체 27
3. 매직 캐로셀 30
4. 타이티 네이비 33
5. 큐티 팬지 34
6. 그레이스 안단테 37
7. 로맨틱 다알리아 39
8. 바이올렛 퍼퓸 41
9. 스윗 레이디 42
10. 스노우볼 트리 46
11. 아이리스 디 올리비아 49
12. 피스핑크 52
13. 프린세스 드 모나코 54
14. 퓨어 아이비 58
15. 토네이도 디 버터노바 60
16. 가아넷 카네이션 63
17. 가드닝 플로라 65
18. 골든 브릿지 68
19. 러블리 하이 플라워 70
20. 라운드 사티나 74
21. 라 세빌리아 76
22. 딜라잇 보우 79
23. 더블 모데라토 82
24. 뷰티플 버터플라이 84
25. 스타티스 86
26. 썬플라워 89
27. 제미니 로즈 93
28. 엘르로즈 96
29. 에스메랄다 99
30. 하모니 플라워 102
31. 글라디올리아 105
32. 글로리 데이즈 108
33. 리빙스턴 데이지 113
34. 스타디움 더 스카이 115
35. 썸머 데이지 118
36. 에버그린 튤립 121

37. 허쉬로즈 126

38. 웨딩 블라썸 129

Part. 3
망사리본 134

1. 기본 136
2. 망사 기초 137
3. 블랭켓 138
4. 로맨틱 엔젤 141
5. 신데렐라 143
6. 피치 플로라 146
7. 옐로 베이비 148
8. 러블리 핑크 빅 리본 150
9. 엘레강스 크라운 153
10. 민트초코 155
11. 파페포포 볼 157

Part. 4
오간디, 심지, 레이스, 와이어 리본 160

1. 오간디 로즈 162
2. 화이트 히로인 164
3. 마이 프린세스 167
4. 블랙스완 169
5. 플루트 비올 172
6. 레이첼 레이스 175
7. 메이비 플라워 176
8. 바이올렛 멜로디언 180
9. 블랙 골드 블라썸 182
10. 큐티엔젤 184

Part. 5
원단리본 186

1. 원단리본의 기본 188
2. 더블라엘 191
3. 엔젤아이즈 193
4. 블루스카이 194
5. 허니플로우 195
6. 스윗봉봉 198
7. 미니미 로미안 201
8. 사루비아 203
9. 엘리스 플라워 206

Part. 6
모티브 및 부자재 활용 208

1. 플라워 모티브 210
2. 초음파 211
3. 글리터 왕관 211
4. 밍크방울 213
5. 싸개단추 213
6. 줄란(큐빅줄) 214
7. 금속장식 216

Part. 7
포토갤러리 218

리본구입

리본의 종류는 많고 다양합니다. 같은 디자인이더라도 어떠한 리본을 쓰냐에 따라서 작품의 느낌이 달라지기도 합니다.

처음 리본공예를 접하시는 분이라면, 어떤 리본을 얼마나 구입해야 할지 고민이 되기 마련입니다. 리본의 소재와 두께, 폭 등이 다양하기 때문에 이러한 고민들은 자칫 리본을 필요한 양 이상으로 구입하게 되고, 이렇게 구입한 리본들은 제대로 사용해 보지도 못하고 유행이 지나게 되어 결국 버려지는 결과를 낳기도 합니다.

1. 어떤 리본을 구입하느냐?

앞서 말씀드린 바와 같이, 리본의 종류는 다양하기 때문에 어떤 리본을 구입해야 할지 판단이 어렵습니다.

보편적으로 초보자들에게 많이 사용되어지는 리본으로는 골지리본, 공단리본, 무광공단리본 등이 있는데, 그중 공단리본이나 유행을 타지 않는 무광공단리본(양면)을 사용하면 리본공예의 기초를 익히고 연습하는 데에는 무난할 것입니다.

2. 얼마나 많은 양을 구입하느냐?

리본의 판매단위는 1마(1yard/90cm)입니다.

리본 핀이나 코사지 등 간단한 모티브를 만드는 경우 보통 1마~2마 정도 사용됩니다.

(원단 소요량이 표기되어 있는 리본의 경우 원단 소요량보다 20-30cm 정도의 여분을 두어 구입하시는 것이 좋고, 원단 소요량이 없는 경우 앞서 말씀드린 보편적인 소요량을 생각해서 구입하면 됩니다.)

따라서 초보자분들께서 리본을 구입하실 때에는 이 점에 유의하시어 만들고자 하는 작품의 가지 수에 따라 리본의 양을 결정하면 됩니다.

가격이 저렴하다고 해서 너무 많은 종류의 리본을 구입하시거나 또는 같은 종류의 리본을 너무 많이 구입하시거나, 같은 소재의 리본을 색깔별로 구입하시는 것은 좋지 못한 방법으로, 그 때 그 때 필요한 양만큼 계산하셔서 구입하시는 것이 좀 더 현명한 구입요령이라고 말씀드릴 수 있습니다.

3. 어디서 구입하느냐?

리본의 판매처는 오프라인 시장과 온라인 쇼핑몰 등이 있는데, 오프라인의 경우 서울(동대문), 부산(진시장), 대구(서문시장) 등 도, 광역시 권에 집중되어 있어서 쉽게 방문할 수 없는 단점이 있으나, 직접 눈으로 보고, 손으로 감촉을 느껴보고 구입할 수 있는 장점이 있습니다.

이에 반해 온라인 쇼핑몰은 비교적 수월하게 구입이 가능하고 가격이 저렴한 반면, 색상의 차이가 있을 수 있고, 재질을 확인할 수 없다는 단점이 있습니다.

그렇게 때문에 리본공예를 시작하기 전에
우선 리본 원단의 소재를 먼저 익히셔서 내가 만들고자
하는 작품에 필요한 원단을 구입하는 것이
가장 좋은 방법입니다.

이 책에서 사용되는 대표적인 리본

1. 공단리본

- **공단리본** : 광택이 나고 겉이 매끈한 리본, 한쪽면이 광택이 나는 새틴직이면 단면 공단리본, 양쪽이 광택이 나는 새틴직이면 양면 공단리본이라고 한다.
- **양면 무광공단리본** : 공단리본과 같은 재질이지만 양쪽 면 모두 무광처리가 되어 있어 앞면, 뒷면 모두 사용이 가능하여 가장 흔하게 사용되는 리본입니다.

2. 원단리본

- 원단을 리본형태로 제작한 리본으로서, 원단의 무늬와 리본 안쪽의 심지 여부에 따라 여러 가지 느낌으로 사용가능한 리본이지만, 면 원단으로 만들어진 리본은 끝처리가 어렵다는 단점이 있습니다.

3. 망사리본

- 의류에 사용되는 망사원단을 리본 형태로 가공한 것으로, 간단한 방법만으로도 풍성하고 예쁜 리본을 만들 수 있으나, 육각형태의 구멍짜임이 있는 원단이라서 처음과 끝의 매듭이 빠지기 쉽기 때문에 리본제작시 처음과 끝 바느질에 유의하여야 합니다.

4. 레이스 리본

- 의류에 사용되는 레이스 원단을 리본형태로 가공한 것으로, 한쪽면만 레이스 처리된 단면레이스가 있고, 양쪽 모두 레이스 처리된 양면 레이스가 있습니다.

5. 샤무드 끈 리본

- 인조 쎄무가죽으로 만든 리본으로, 주로 팔찌를 만들 때나 포인트 리본으로 사용됩니다.

6. 주름리본

- 원단을 이용해 주름을 잡아서 풍성함을 더해준 리본으로, 반제품 형태이기 때문에 사용이 간편합니다.

7. 오간디리본

- 평직으로 섬세하게 직조된, 투명하게 비치는 얇은 리본으로 주로 여름이나 드레스 등 파티용 리본으로 많이 사용되며, 부드러운 느낌의 나일론 오간디를 많이 사용합니다.

8. 와이어리본

- 리본끝부분에 낚시줄 또는 구리선이 들어있는 리본으로 모양이 자연스럽게 잡히기 때문에 리본에 볼륨을 살리고 싶을 때 많이 사용됩니다.

도구

가위, 자, 실, 바늘, 글루건, 글루심, 공예용철사, 라이터

부자재

자동핀, 집게핀, 코사지핀, 머리띠, 고무줄 장식 등

리본공예의 기본 TIP

1. 핀 결정하기

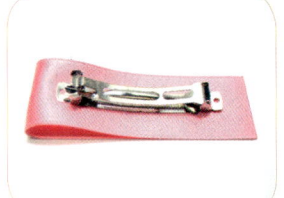

핀에 따른 모티브의 크기는 최소한 핀의 크기보다 양옆으로 1~2cm 정도 여유 있게 만드시면 됩니다.

2. 열 처리 하기

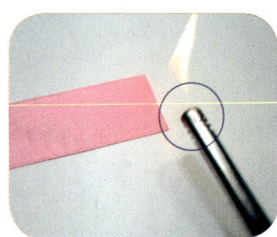

리본 끝부분의 올풀림 방지를 위해 항상 열처리 해줍니다.
열처리 시, 라이터의 불꽃 중 아랫부분의 파란 불꽃 부분으로 리본을 2-3회 빠르게 움직여 줍니다.
(단, 면이나 마직으로 만들어진 리본, 토션리본, 모직리본 등 열처리가 불가능한 리본이 있으니, 반드시 소재 확인 후 열처리 하셔야 됩니다. 열처리 불가능한 리본은 끝을 말아 안쪽으로 넣어서 마감하거나, 자연스러운 올풀림으로 두시는 게 좋습니다.)

3. 바느질 하기

리본공예의 기본기법을 제외한 나머지 방법들에는 바느질이 많이 사용됩니다.
바느질을 잘 하느냐 못하느냐는 리본공예에서 크게 중요하지 않습니다.
다만, 바느질의 간격이 얼마나 일정하느냐가 모티브의 모양을 결정하는 데 가장 중요한 역할을 합니다.
이때 바느질의 땀을 0.5cm 정도의 간격으로 하신다면 좋은 결과물을 얻을 수 있습니다.
바느질의 땀이 좁아지면 주름이 너무 세밀하게 잡혀 끝마무리가 어려워지고, 너무 넓어지면 주름이 잘 잡히지 않아 모티브의 모양이 만들어지지 않습니다.

4. 마감하기

모티브 또는 장식 등을 핀대에 붙일 때에는 항상 끝 부분을 펠트지로 마감하신 뒤, 글루를 펴 발라 핀에 고정시킨 후 금속용 접착제를 발라서 단단하게 고정시켜 주면 됩니다. 접착제는 글루가 잘 떨어져 나가는 것을 방지시켜 주는 효과를 주기 때문에 글루로 고정시켜 준 뒤, 접착제를 한두 방울 발라 주는 것이 좋습니다.
(핀과 모티브를 핸드메이드 라벨로 한 번 더 붙여주신다면 좀 더 단단히 고정시킬 수 있습니다)

5. 머리띠 활용방법

- 머리띠용 통 리본

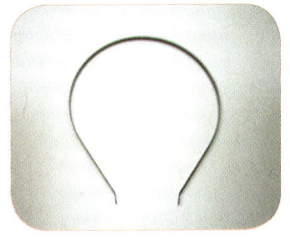  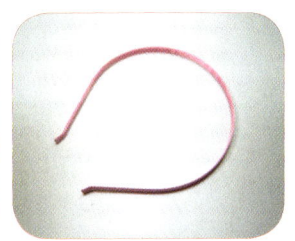

1 철제 머리띠에 가장 많이 쓰이는 방법으로,

2 리본의 틈을 벌려 가운데로 머리띠를 넣어줍니다.

3 머리띠의 길이에 맞춰 잘라서 끝을 열처리 해주면 됩니다.

- 감는 머리띠

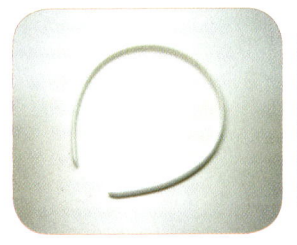  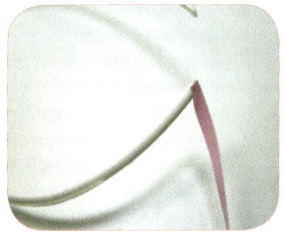 

1 윗면이 볼록하게 곡선 처리된 머리띠에,

2 안쪽과 바깥쪽 모두 양면테잎을 발라준 뒤

3 머리띠 끝 볼록한 바깥쪽 부분에서 리본감기를 시작해주세요.

4 리본과 리본이 겹쳐지지 않게 감아주고,

5mm 초과의 폭을 가진 리본으로 감아준다면,

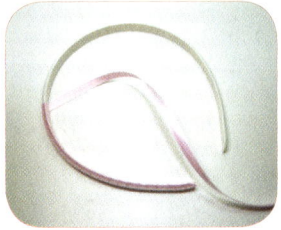 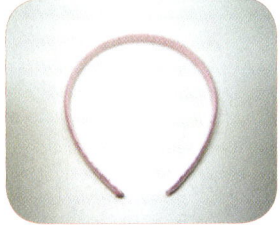 

5 머리띠의 2/5 지점에서 리본을 한번 잘라준 뒤, 반대편 끝에서부터 다시 시작하면 됩니다. (머리띠가 곡선으로 이루어져 있어서폭이 넓은 리본은 감을 때 많이 울게 됩니다)

6 끝까지 리본을 감아서

7 끝부분도 처음과 동일하게 곡선처리된 머리띠 바깥쪽에서 마무리 해주면 됩니다.(안쪽으로 끝이 들어갈 경우 머리띠가 닿는 머리부분이 아플수 있습니다)

- 이빨머리띠

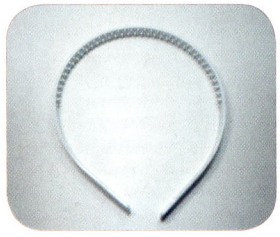

1 머리띠 안쪽에 빗이 붙어있는 이빨머리띠는,

2 머리띠 바깥쪽으로 양면테잎을 발라준뒤

3 리본을 붙여서 사용하면 됩니다.

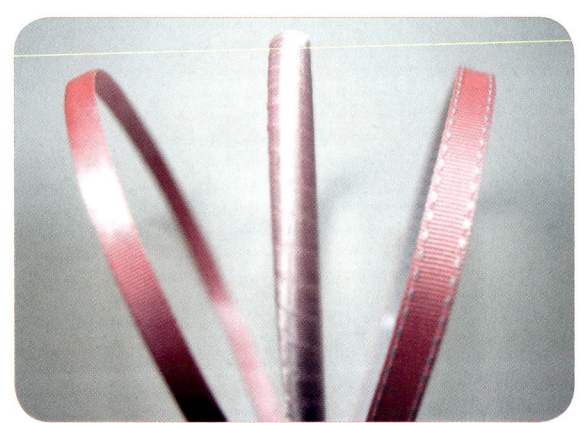

좌측부터 통리본 머리띠, 감는머리띠, 이빨머리띠

- 머리띠 끝 마감처리

1 머리띠 끝 마감처리는 머리띠 마감용 테잎을 이용하여, 감는 머리띠와 같은 방법으로 머리띠 바깥쪽 부분으로 먼저 테잎을 발라준 뒤,

2 한바퀴 감싸준 후, 끝을 머리띠 바깥쪽 위쪽 부분에서 마감해주면 됩니다.

6. 플라스틱 장식 활용

- 플라스틱 캐릭터 고정시키기

1 플라스틱 장식의 대표적인 공주캐릭터 입니다.

2 장식보다 크기가 살짝 큰 펠트지(두꺼운 펠트지)를 준비해주세요..

3 장식 뒷면으로 일대일 본드나 플라스틱용 접착제를 골고루 발라주세요.

4 펠트지에 장식을 밀착시켜 붙여주세요.

5 장식을 따라 펠트지를 깨끗하게 자른뒤, 끝을 열처리 해주면 깨끗하게 사용하실 수 있습니다.
펠트지는 열에 약하기 때문에 재빨리 2-3회 열처리 하기 바랍니다.

6 플라스틱 캐릭터의 경우, 목부분이나 팔부분 등 연결부위가 자칫 충격에 깨질 수 있어 펠트지를 이용해 위와같이 고정시켜 사용하면, 파손이나 파손후 분실의 우려가 적어지게 됩니다.

- 플라스틱 캐릭터 모티브에 붙이기

1 우선 캐릭터를 고정시켜줄 모티브를 준비해주세요.

2 뒷면을 펠트지로 고정시켜 준 캐릭터를 준비해주세요.

3 모티브를 잡아주고,

4 뒷편을 먼저 펠트지로 마감 처리 해주세요.

5 모티브의 앞쪽 가운데 구멍 부분으로 글루를 쏜 뒤, 모티브를 세워서 고정시켜주세요.

6 글루가 완전히 마른 뒤, 접착제로 한 번 더 튼튼하게 고정시켜 주세요.

7 그럼 단단하게 고정된 캐릭터 핀을 만들 수 있습니다.

7. 금속장식 & 금속왕관 고정방법

- 모티브 가운데 구멍이 없는 경우

1 모티브 중앙에 가운데 구멍이 없는 경우,

2 먼저 금속왕관 아랫부분에

3 글루를 얇게 바른 뒤

4 모티브에 왕관을 꾸욱 눌러서 붙여주세요.

5 글루가 다 말랐다면, 왕관 아랫부분의 앞, 뒤로 금속용 본드를 붙여주세요.

6 금속용 본드는 경화시간이 길기 때문에 24시간 정도는 가만히 두셔야 단단히 고정할 수 있습니다.

7 금속본드가 경화된 후, 접착제를 이용해 한 번 더 단단히 고정시켜 주세요.

- 모티브 가운데 구멍이 있는 경우

1 모티브를 만들다 보면, 가운데 구멍이 생기는 경우가 있습니다. 이럴 경우,

2 먼저 뒤편에 펠트지로 마감 처리 해주고,

3 왕관장식 아랫부분에 글루를 살짝 바른 뒤, 가운데 구멍보다 위쪽으로 왕관장식을 세워서 고정시켜 주고, 금속용 본드와 접착제를 발라주세요.

4 가운데 구멍은 모티브와 비슷한 계열의 리본으로 더블나비보우를 접어서 가려주면 됩니다.

Part 1
리본공예의 기본기법

1. 기본보우

1 리본의 끝에 양면테잎을 붙여 준비합니다.

2 리본을 동그랗게 만들어 끝을 0.5cm~1cm 정도 겹쳐서 양면테이프로 붙여줍니다.

3 겹쳐진 안쪽에 양면테잎을 한번 더 바른 후.

4 리본 중심을 양면테잎 붙인 곳으로 맞춰서 눌러 붙여줍니다.

5 중심으로 주름을 잡아서 공예용 철사나 실 등으로 묶어준 뒤, 손으로 리본의 모양을 예쁘게 잡아줍니다.

2. "N"보우

1 리본을 원하는 모티브의 크기보다 1~2 cm 정도 길게 아래쪽으로 내려접어줍니다.

2 내려접어준 리본을 끝을 맞추어 나머지 리본을 올려접어줍니다.

3 리본의 방향을 수평으로 놓아준 뒤.

4 가운데 주름을 잡아서 고정시켜 준 뒤, 리본 끝을 길이에 맞춰 다듬어 줍니다.

3. 더블 "N" 보우

1 "N" 보우 과정 2번까지는 동일하나, 접어 올려진 리본은 앞서 접어내린 리본과 0.5cm 정도 겹쳐지도록 하고 앞으로 내려 접어주고, 다시 뒤로 한번더 꺽어 접어 올려주세요.

2 다시 내려 접어 주면서 0.5cm 앞 리본과 겹쳐지게 접어주세요.

3 그리고 "N" 보우 과정 3, 4, 번과 동일하게 가운데 주름을 잡고, 리본 끝을 맞춰서 잘라줍니다.

4. 싱글나비보우

1 리본을 길게 잡고 가운데를 원을 그리듯이 동그랗게 말아 준 상태에서 리본이 서로 교차되게 놓아주세요.

2 원의 중심부분과 교차된 리본의 중심부분을 서로 맞물려 붙여준 뒤,

3 중심부분으로 주름을 잡아주고, 원하는 길이에 맞춰 리본을 잘라주면 됩니다.

5. 더블나비보우

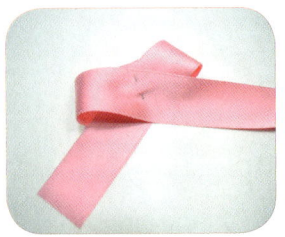   

1 싱글나비보우 과정 2번까지 동일하게 하신 뒤.

2 오른쪽으로 내려와 있는 리본을 뒤로 돌려 왼쪽 위로 올려 접어주십시오.

3 그리고 다시 앞쪽 오른쪽으로 내려주고, 각 리본 다리의 길이를 맞춰서 조절해 준 뒤, 중심을 맞춰주세요.

4 가운데 주름을 잡아서, 원하는 길이에 맞춰 리본을 잘라주면 됩니다.

6. 트위스트보우

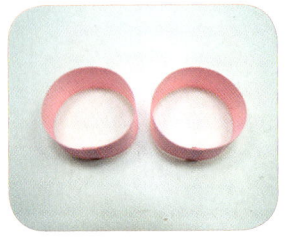 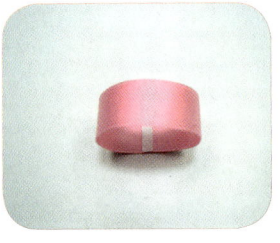 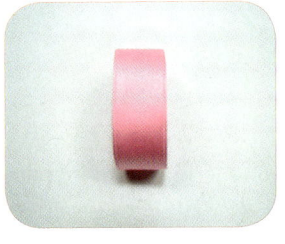 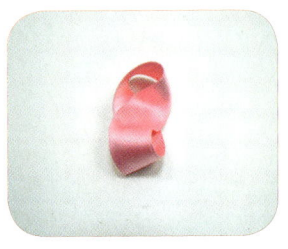

1 기본 보우를 2개 만들어 주세요., 이때 리본의 크기는 만들고자 하는 모티브보다 2~3cm 정도 크게 기본보우를 만들어 주면 됩니다.

2 먼저 기본보우 뒤편 가운데 중심에 양면테잎을 발라서 준비해 주세요.

3 세로로 놓은 뒤,

4 리본의 중심에서 원하는 각도만큼 오른쪽으로 틀어서 양면테잎에 붙여주세요. (이때, 각도를 많이 틀면 틀수록, 트위스트의 볼륨이 커지게 됩니다.)

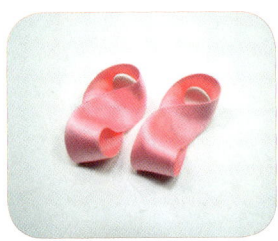 

5 두 개를 만들어 나란히 놓아주세요.

6 중심으로 주름을 잡아준 뒤, 리본의 모양을 예쁘게 잡아줍니다.

7. "X"자 보우

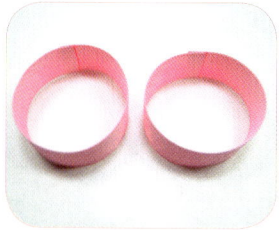 

1 기본 보우를 2개 만들어 준 뒤,

2 한쪽 보우 안쪽으로 나머지 한쪽 보우를 집어넣고,

3 끝을 맞춰서 양면테잎으로 안쪽을 고정시켜 주세요.

4 가운데 주름을 잡고 리본의 모양을 예쁘게 잡아줍니다.

8. "8"자 보우

1 싱글 나비보우와 반대방향으로 리본을 한바퀴 돌려서 원을 만들어 준 뒤, 리본이 교차되게 만들어 주세요.

2 반대방향도 대칭이 되게 원을 만들고, 리본이 교차되게 해 준 뒤,

3 가운데 중심을 잡고 리본 끝을 원하는 만큼 잘라주면 됩니다. (리본이 양면일 경우 앞, 뒤 모두 사용이 가능한 보우입니다.)

9. 원형개더

1 리본의 끝을 따라 바느질 해 줍니다.

2 바느질의 간격은 일정하게 해주고, 길이는 리본 폭의 5~7배 정도가 되게 해주면 됩니다.

3 리본의 끝까지 바느질 한 뒤.

4 실을 잡아당겨 주름을 만들어 주고, 바느질을 처음 시작한 부분을 통과하여 원형으로 만들어 주면 됩니다.

10. 입술마무리

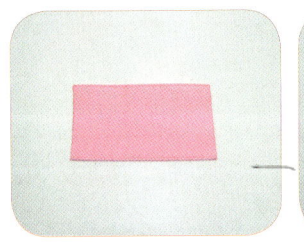  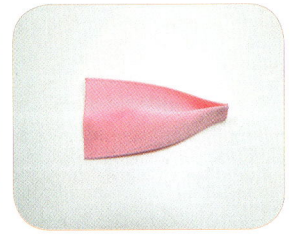

1 리본의 오른쪽 부분을 3등분으로 나누어 주세요.

2 3등분의 제일 위쪽을 아래로 접어 글루로 고정해주고,

3 아래쪽은 뒤로 접어 글루로 고정해 주세요.

4 리본의 방향을 바꾸어 준 뒤,

5 같은 방법으로 다시 접어서 모양을 만들어 줍니다.

6 만들어 놓은 모티브나 리본의 중심에 둘러 마무리할 때 사용합니다.

Part 2

공단리본

공단리본, 무광공단(양면,단면)리본, 양면리본, 펄리본, 양금사리본, 금.은사 리본, 레터링리본, 골지리본, 피콧리본, 프린트리본, 스티치리본 등 많은 종류의 다양한 리본들이 있습니다.

Part 2에서 가장 많이 사용되는 양면 무광공단리본은 현재 가장 많이 쓰이는 리본으로, 초보자도 쉽게 다룰 수 있는 부드러운 재질로 이루어져 있으며, 유행을 쉽게 타지 않는다는 장점을 가지고 있습니다.

심플 리본

· 난이도 ♥   · 준비물 25mm 리본 1 yard 이상

1 나비보우 + 더블보우 + 싱글보우를 만들어 주면 됩니다.(기본접기법 참고하세요.). 나비보우는 꼬리를 20cm 이상 길게 만들어 주면 됩니다.

달콤 tip
더블보우 대신 트위스트 보우를 만들어 주어도 됩니다.

2 나비보우 - 더블보우 - 싱글보우 순서로 올려 놓아 주고,

3 중심은 입술마무리로 마감해주세요.

달콤 tip
입술장식 위로 줄란 등 장식을 이용해 꾸며주면 훨씬 예쁜 리본을 만들 수 있습니다.

Part 2 공단리본

리본 드 베아트리체

· 난이도 ♥   · 준비물 공단리본 원하는 리본길이×7배수

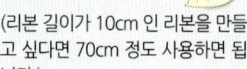
(리본 길이가 10cm 인 리본을 만들고 싶다면 70cm 정도 사용하면 됩니다.)

완성크기 10cm 리본을 만들거라면 1/2 지점은 5cm 가 되는 겁니다.

1 일단 리본을 준비해 주세요.

2 원하는 리본길이의 1/2 지점을 표시해 주세요.

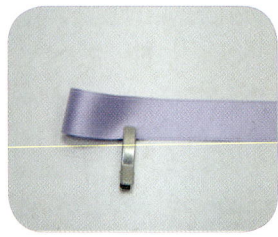

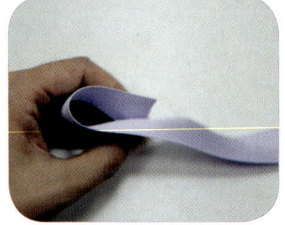

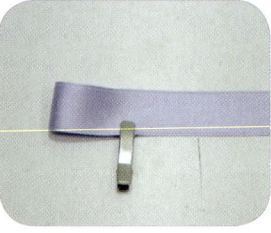

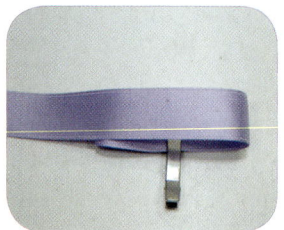

3 표시한 지점을 기준으로 리본을 오른쪽으로 접어주세요.

4 들면 이런 모습 입니다.

5 그리고 오른쪽으로 넘어간 리본의 1/2 지점 (중심에서부터)을,

6 다시 왼쪽으로 넘겨주세요.

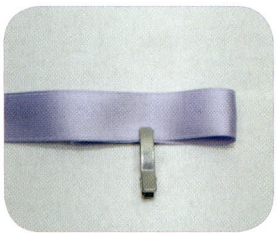

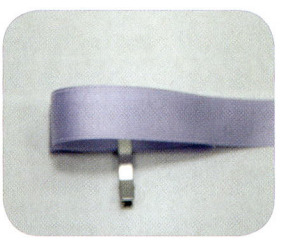

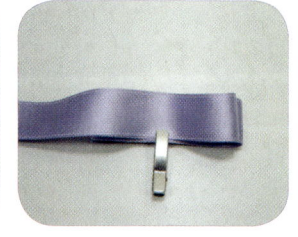

7 정리해주고,

8 다시 오른쪽으로

9 다시 왼쪽으로

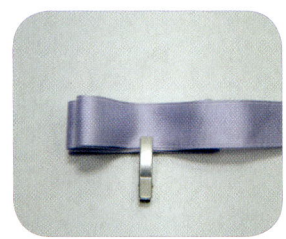

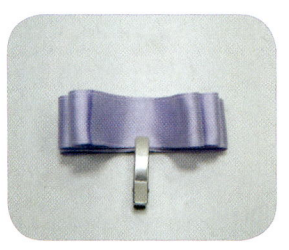

10 다시 오른쪽

11 마지막으로 왼쪽으로 가서 리본끝이 왼쪽 위로 올라오게 만들어 주세요.

 12 들었을 때 이렇게 링이 3개 만들어져야 합니다.

 13 가운데를 손으로 잡아주고

 14 리본 링 3장을 비틀어주세요.

 15 양쪽 리본 모두 중심을 잡은 상태에서 비틀어 주세요.

달콤 tip
리본은 서로 다른방향으로 겹치지 않게 비틀어주세요.

 16 많이 비틀어 줄수록 볼륨이 커지게 됩니다.

 17 그리고 가운데 주름을 잡아주세요.

 18 제일 앞쪽으로 나온 리본 꼬리를 예쁘게 잘라주면 됩니다.

 19 다 자르셨다면.

 20 가운데는 입술마무리를 해주세요.

매직 캐로셀

· 난이도 ♥　　· 준비물 40mm 공단리본 18cm×2장

1 리본을 재단해서 준비합니다.

2 왼쪽에서부터 4cm, 8cm 되는 곳을 표시해 주세요.

3 왼쪽 위쪽 끝을 8cm 되는 지점의 아랫부분에 맞춰서 내려 접어주세요.

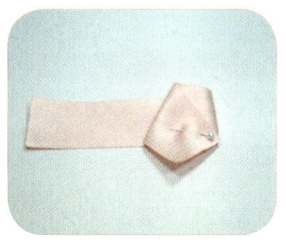

4 8cm를 기준으로 뒤로 돌려 접어주세요.

5 접어놓은 리본보다 왼쪽으로 1cm 떨어진 곳에 표시해 주세요.

6 표시점을 기준으로 먼저 접어놓은 리본과 수평이 되게 리본을 내려 접어주세요.

7 뒤쪽 리본을 앞쪽 리본끝 길이에 맞춰서 잘라준 뒤, 열처리 해주세요.

8 리본을 돌려주고.

9 오른쪽 끝부분 리본이 빠지지 않게 주의하며, 아랫부분을 따라서 바느질 해주세요.

10 실을 잡아당겨 매듭을 짓고 마무리해주세요.

11 같은 모양의 완성품(모티브)을 2개 만들어서 가운데를 글루로 붙여주세요.

바느질해서 잡아당긴 앞쪽 끝을 실로 2-3회 동여매 주면 가운데 마감시 편리합니다.

12 중심은 입술마무리로 마감해주면 됩니다.

타이티 네이비

· **난이도** ♥   · **준비물** 25mm 공단리본 20cm×1장 / 17cm×1장 / 14cm×1장

달콤 tip
3장의 리본이 모두 접는 방법이 동일합니다.

1 제일 긴 리본을 먼저 접어 주세요.

2 리본을 3등분하여 준다음, 왼쪽은 오른쪽 아랫지점으로 내려접어주세요.

3 그리고 오른쪽은 왼쪽 윗 지점으로 올려접어 주면 됩니다.

4 방향을 가운데 선이 수평으로 되게 돌려서 잡아주세요.

5 가운데 주름을 잡아주세요.

6 가운데 주름을 잡았다면,

7 끝을 예쁘게 잘라 주고,

달콤 tip
끝을 직선으로 자르기보다는 사선으로 잘라주면 더 예쁜 리본을 만들 수 있습니다.

8 나머지 2장도 동일한 방법으로 접어주세요.

9 제일 아래에 제일 넓은 리본을 놓아 주세요.

10 꼬리의 방향을 반대로 놓고 올려주세요.

11 중심은 입술마무리 해주면 됩니다.

큐티 팬지

· 난이도 ♥♥ · 준비물 10mm 리본 6cm×17장

1 10mm 리본을 준비해주세요.

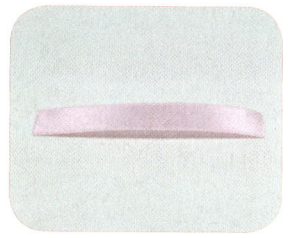

2 6cm 로 재단해 주세요.

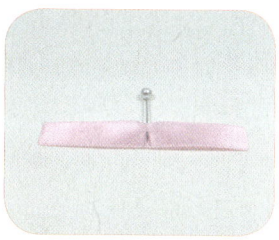

3 가운데를 기준으로

4 양끝 리본이 'x'자로 교차되도록 접어 주세요.

5 교차된 아랫부분을 시침핀으로 고정시켜 주세요.

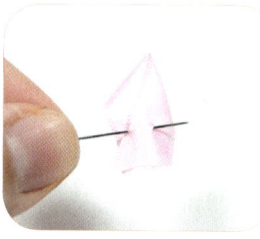

6 리본이 교차하는 아랫부분은 잘라서 열처리 해주세요.

7 리본을 들어서

달콤 tip
끝을 잘 잡고 열처리만 잘 해주면 글루를 사용할 필요없이 열에 의해 리본이 붙게 된답니다.

8 양쪽 끝 모서리를 앞으로 만나게 해주세요.

9 나뭇잎처럼 만들어 주고, 아래쪽을 열처리 해주시거나, 글루를 이용해서 붙여 주세요.

10 아래쪽으로 바늘을 통과해 주고

11 총 7장을 연결한 뒤,

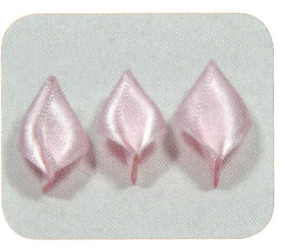

12 처음 시작한 곳을 통과해서 원형으로 만들어주고 매듭지은 후 마무리 해주세요.

13 똑같은 것을 2개 만들어 주면 됩니다.

14 나머지 3장도 같은 방법으로 만들어주세요.

15 두개를 먼저 붙여준 뒤,

16 바늘을 통과 시켜주고,

17 구슬을 하나 끼워서 같이 바느질 해주세요.

18 나머지 한장은 꽃잎과 꽃잎 사이에 붙여주세요.

19 처음에 만들어 놓았던 꽃 모티브를 2층으로 올려주고, 위쪽에 3장짜리 잎을 붙여주세요.

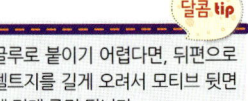

달콤 tip

글루로 붙이기 어렵다면, 뒤편으로 펠트지를 길게 오려서 모티브 뒷면에 덧대 주면 됩니다.

36 ___ Part 2 공단리본

그레이스 안단테

· 난이도 ♥♥   · 준비물 40mm 공단리본 10cm×6장

1 리본을 재단해서 준비해주세요.

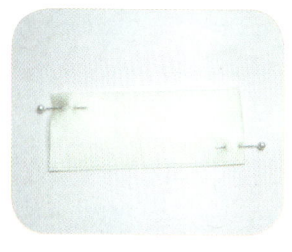

2 왼쪽 끝은 위쪽에서 1cm 내려온 곳. 오른쪽 끝은 아래쪽에서 1cm 올라온 곳을 표시해 주세요.

3 표시해둔 곳을 기준으로 대각선으로 접어주세요.

4 리본을 들어서 잡아주세요.

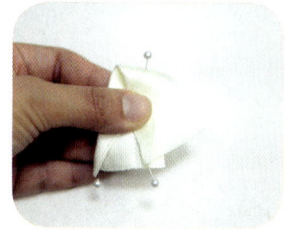

5 반을 기준으로 살짝 대각선으로 내려 접어주면 됩니다.

6 시침핀으로 고정해 두고,

7 아래쪽을 따라 바느질 해주세요.

앞으로 내려도 되고, 뒤로 돌려서 내려도 상관없습니다.

8 같은 방법으로 두장을 만들어 주고,

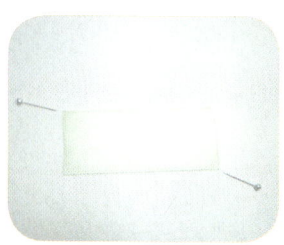

9 처음 내려서 접은 것과 달리, 이번엔 리본의 양쪽 대각선을,

10 접어서 시침핀으로 고정시켜 주세요.

11 가운데를 들어서 잡고,

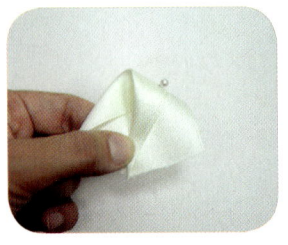

12 중심을 접으면서 대각선 아래로 내려 접어주세요.

13 리본끝을 따라 바느질 해주면 됩니다.

14 총 4장을 동일한 방법으로 만들어 주세요.

15 가운데를 마주보게 놓아주고, 글루로 붙여주세요.

16 처음에 접어 놓았던 2개의 리본도 중심을 붙여서 리본모양으로 준비해 주세요.

17 왼쪽은 처음 만들었던 리본, 오른쪽 2개는 두 번째로 만들었던 리본입니다.

18 오른쪽 리본 2개를 나비 모양으로 먼저 붙여준 후,

19 왼쪽 리본을 뒤쪽으로 올려주세요.

20 뒷면 모습입니다.

21 중심은 입술마무리 해주면 됩니다.

로맨틱 다알리아

· 난이도 ♥♥   · 준비물 25mm 골지리본 50cm 이상

1 리본끝이 왼쪽으로 가도록 놓아주세요.

2 왼쪽끝을 내려 접어주세요.

3 접은 선을 따라서 잘라낸 다음, 열처리 해주세요.

4 왼쪽 기준으로 2.5cm 오른쪽 지점을 표시해 주세요.

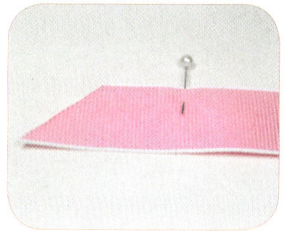

5 표시점을 기준으로 오른쪽 리본을 내려주세요.

6 시침핀으로 고정해주세요.

7 뒤집어 놓아주고

8 방향을 틀어 놓아 주세요.

9 오른쪽 리본 끝에서 왼쪽으로 2.5cm 움직인 지점을 표시해 주세요.

10 표시 지점을 맞춰서 내려 접어주세요. 양쪽으로 접히는 쪽이 마주보게 만들어주면 됩니다.

11 리본을 뒤집어 주고,

12 다시 오른쪽으로 2.5cm 떨어진 곳에서 내려접어 주세요. 그러면 내려접은 쪽이 다시 마주보게 됩니다.

13 다시 뒤집어서

14 내려접은 쪽이 마주보게 접어주면 됩니다.

15 같은 과정이 10~12장 정도 되게 만들어 주세요.

16 리본의 바깥테두리를 따라 바느질 해주면 됩니다.

바느질 하면서 실을 당겨서 주름잡아 주면 편리합니다.

17 한 장씩 접어가면서 바느질해도 무방하고, 10-12장 정도 접어놓은 상태에서 바느질해도 됩니다.

18 끝은 처음처럼 내려접은 곳을 잘라서 열처리 한 뒤 바느질로 마무리해주고,

19 바느질을 당겨서 주름을 만들어 준 뒤, 매듭짓고 마무리해 주세요.

20 끝을 잡고 돌돌 말아 주세요.

21 뒤편에는 펠트로 마무리 해주세요.

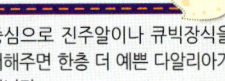
글루를 조금씩 쏘아서 고정시키면서 감아주면 더 편리합니다.

중심으로 진주알이나 큐빅장식을 더해주면 한층 더 예쁜 다알리아가 됩니다.

바이올렛 퍼퓸

- 난이도 ♥♥   · 준비물 40mm 공단리본 12cm×6장 이상

1 공단리본을 준비해 주세요.

2 가운데를 표시나게 접었다 펼쳐주세요.

3 오른쪽부터 표시한 가운데 아래로 접어내려 주세요.

4 왼쪽도 마찬가지로 접어주세요.

5 리본을 뒤집어 주신 다음,

6 왼쪽부터 다시 가운데를 향해 접어주세요.

7 오른쪽도 왼쪽과 같은 방법으로 접어주세요.

8 가운데 리본의 아랫단을 따라서, 바느질 해주세요.

9 불필요한 아랫부분은 잘라서 지짐질처리를 꼭 해주세요.

10 6장 이상 바느질 하면 됩니다.

달콤 tip
풍성한 꽃을 원하신다면 10장 정도 연결하면 됩니다.

11 리본끝을 잡고,

12 돌돌 말아주면 됩니다.

13 끝까지 말아주셨다면, 글루로 고정시켜 주세요.

달콤 tip
꽃 중간에 진주알로 장식해주면 한층 멋스럽게 연출할 수 있습니다.

스윗 레이디

· 난이도 ♥♥　　· 준비물 40mm 공단리본 30cm 이상 /
40mm 폭 오간디 또는 망사리본 등 40cm / 10mm 공단리본 40cm

1　40mm 리본을 길게 준비해 주세요.

2　더블 보우를 접어주세요.

3　왼쪽부터 6cm 오른쪽으로 접어주세요.

4　오른쪽도 중심에서 6cm 지점에서 왼쪽으로 접어 주세요.

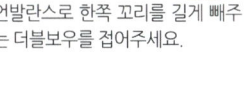

언발란스로 한쪽 꼬리를 길게 빼주는 더블보우를 접어주세요.

5　왼쪽으로 넘긴 리본을 다시 오른쪽 아랫부분을 향하게 뒤로 돌려 내려 주고,

6　리본을 뒤집어 주세요.

7　중심에 주름을 잡아주세요.

8　한쪽으로 길게 내려온 꼬리를,

9　길이에 맞춰 가위로 잘라서 열처리 해주세요.

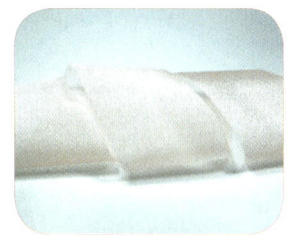

10　오간디 리본을 준비한 뒤,

11　나비보우를 접어주세요. 왼쪽부터 5cm 되는 지점을 중심으로 오른쪽으로 접어주세요.

12 오른쪽도 5cm 지점에서 왼쪽으로 접어주고

13 왼쪽 위쪽으로 올려서 뒤로 내려서 오른쪽 아래로 가게 하고,

14 앞쪽으로 올려접어 주고, 가운데를 주름잡아 주면, 나비보우 완성입니다.

15 10mm 리본은 트리블 나비보우 접어주세요.

16 왼쪽부터,

17 오른쪽으로,

만드는 방법은 나비보우와 동일합니다.

18 두 번,

19 세번째 만들어준 상태에서 꼬리를 한쪽으로 내려준 뒤,

20 가운데를 주름잡아 주세요.

21 세개 모두 완성 되었다면,

22 공단리본 위에 오간디 리본을 올려주세요.

23 리본의 방향을 세로로 놓은 뒤,

24 오간디리본 끝쪽으로 10mm 리본을 붙여 주세요.

25 리본을 붙인 후, 중심으로

26 진주알 1줄을 감아 마무리 해줍니다.

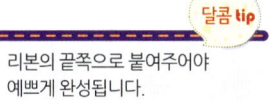

달콤 tip

리본의 끝쪽으로 붙여주어야 예쁘게 완성됩니다.

 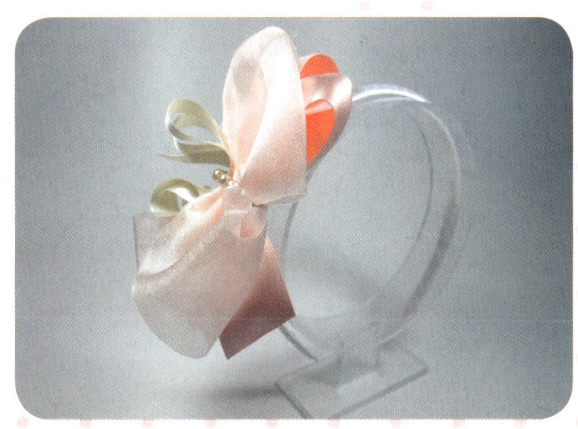

스노우볼 트리

· 난이도 ♥♥   · 준비물 25mm 리본 2.5cm×2.5cm 12장 (핑크)
　　　　　　　　　　　2.5cm×2.5cm 12장 (인디핑크)

 달콤 tip
서로 다른 톤의 리본을 사용하면 투톤효과를 느낄 수 있답니다.

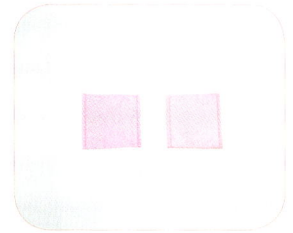
1 서로 다른 색의 리본을 준비해주세요.

2 나뭇잎 모양으로 리본을 재단해주세요.

3 재단한 리본은 열처리를 꼭 해주세요.

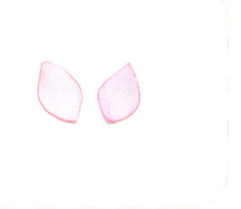
4 열처리를 꼼꼼히 해준 뒤,

5 "v"자 모양으로 겹쳐서 끝을 살짝 글루로 붙여 고정해주세요.

6 아주 살짝만 글루를 붙여주면 됩니다.

7 같은 방법으로 총 4set를 만들어 주세요.

8 펠트지를 작게 재단해서 준비해주세요.

9 펠트지에 꽃잎을 네 방향으로 붙여주세요.

 달콤 tip
펠트지를 사각형으로 잘라서 준비하시면 붙이는데 도움이 된답니다.

10 꽃잎이 서로 겹치지 않게 붙이면 됩니다.

11 네잎클로버처럼 네방향으로 다 붙여주세요.

12 같은 방법으로 꽃을 3set 만들어 주세요.

13 가운데 진주알을 입체적으로 붙여주세요.

14 그리고 동그란 펠트지를 준비해주세요.

15 꽃의 중심이 펠트지의 가운데로 모이게 입체적으로 붙여주세요.

달콤 tip
바늘로 한땀떠서 진주알을 붙인다면 더 튼튼하게 고정시킬 수 있습니다.

달콤 tip
500짜리 동전 크기면 됩니다.

아이리스 디 올리비아

· **난이도** ♥♥ · **준비물** 40mm 공단리본 30cm×1장 / 8cm×2장 / 10cm×4장

1 우선 30cm 재단 리본을 준비해주세요.

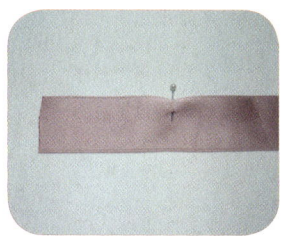

2 왼쪽에서 8cm 떨어진 곳을 표시해주세요.

3 표시해둔 곳을 기준으로 오른쪽 리본을 왼쪽으로 접어주세요.

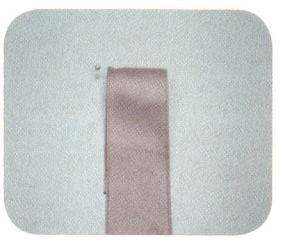

4 방향을 세로로 놓아 주세요.

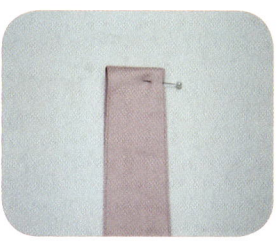

5 오른쪽 위에서 1cm 아래로 내려온 곳을 표시해주세요.

6 리본을 오른쪽으로 넘겨 접어주세요.

7 그리고 뒤쪽 리본의 오른쪽 면을 기준으로 다시 왼쪽으로 접어주세요.

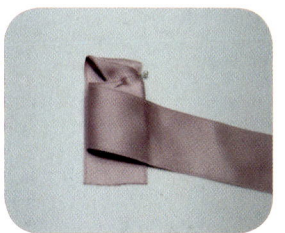

8 다시 뒤편 왼쪽면을 기준으로 오른쪽으로 리본을 접어주세요.

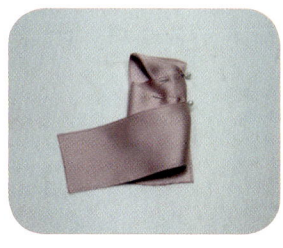

9 왼쪽으로 한 번 더 접어주고,

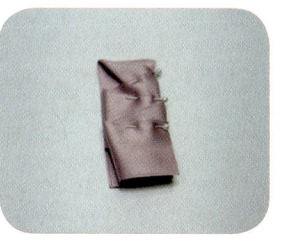

10 마지막으로 오른쪽으로 한 번 더 접어주면 됩니다.(2cm 간격으로 지그재그로 접어주면 됩니다.)

11 리본의 방향을 옆으로 돌려놓아 주세요.

12 아랫부분으로 바느질 해주세요.

13 리본이 빠지는 부분 없이 꼼꼼히 바느질 해주세요.

14 끝까지 바느질 한 뒤, 잡아당겨 매듭짓고 마무리 해주세요.

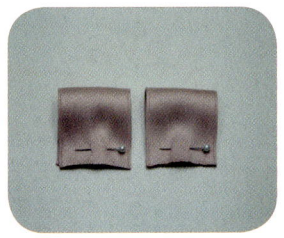

15 8cm 로 재단한 리본을 세로로 길게 놓아주세요.

16 반 접어주신 다음,

17 각도를 틀어서 반쯤 겹쳐서,

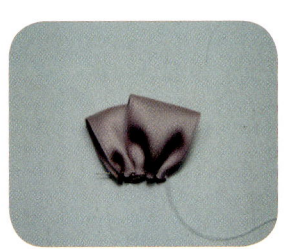

18 아래쪽으로 바느질 해주세요.

19 8cm / 10cm 동일한 방법으로 만들어 주세요.

20 10cm는 2set / 8cm는 1set 만들면 됩니다.

21 만들어놓은 4개의 리본 중에.

22 10cm는 10cm 리본과 중심을 맞물리게 붙여주고, 처음 만든 계단 리본과 8cm 리본을 중심을 맞물리게 붙여주세요.

23 10cm 위로 8cm 리본을 붙여서 2층을 만들어 주면 됩니다.

24 기본 리본으로 중심을 마무리 해주고.

25 장식을 이용해서 중심을 꾸며주면 됩니다.

피스핑크

· 난이도 ♥♥♥   · 준비물 40mm 공단리본 10cm×6장

1 리본을 재단해주세요.

2 세로로 길게 놓고,

3 위쪽으로 올라온 리본을 아래쪽 끝을 맞춰서 왼쪽으로 접어주세요.

4 다시 오른쪽으로 접어주세요.

5 왼쪽 모습입니다.

6 오른쪽 끝으로 나온 리본을 들어서,

7 앞으로 반 내려 접어주세요.

8 그리고 방향을 위로 틀어준 다음,

9 뒤로 내려 접어주세요.

10 뒤집으면 이런 모습 입니다.

11 아랫단을 따라 핀으로 고정해 주세요.

12 오른쪽에서 왼쪽으로 아랫단을 따라서 바느질 해주세요.

13 같은 방법으로 6장 연결 해주세요.

14 뒷면으로 돌리면 이렇게 보입니다.

 〈앞면〉  〈뒷면〉

15 바느질 처음 시작한 곳으로 가서 동그랗게 만들고 매듭짓고 마무리 해주세요.

 달콤 tip
앞,뒤 모두 사용가능한 양면꽃입니다.

〈앞면〉

달콤 tip
중심은 장식단추나 금속장식 등을 이용해서 마감해주세요.

〈뒷면〉

프린세스 드 모나코

· 난이도 ♥♥♥　　준비물 40mm 공단리본 40cm ×2장

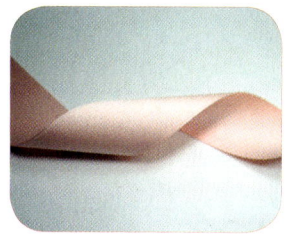

1 40mm 공단리본을 준비합니다.

2 리본끝이 오른쪽으로 오도록 펼쳐주세요.

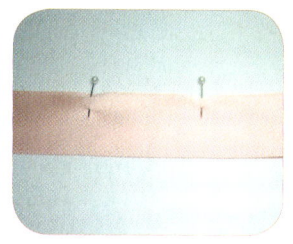

3 오른쪽부터 6cm, 12cm 떨어진 곳을 시침핀으로 표시해주세요.

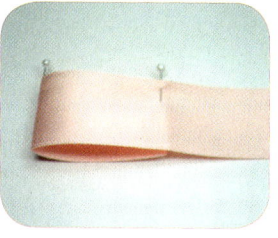

4 첫번째 표시점을 기준으로 왼쪽 리본을 오른쪽으로 넘겨접어 주세요.

5 앞쪽 리본을 뒷편 사각형에 맞춰서 대각선으로 접어내려 주세요.

6 앞으로 접어내려온 리본은 시침핀으로 고정시켜주세요.

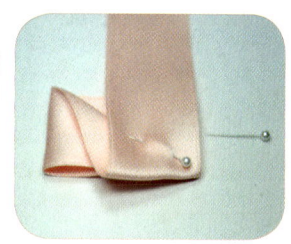

7 뒤쪽 리본의 오른쪽 끝선을 기준으로 아래쪽으로 내려온 리본을 위로 올려주세요.

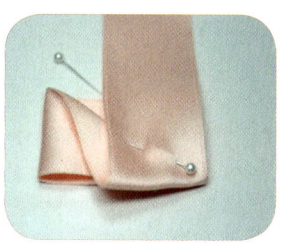

8 접어 올린 리본과 뒤쪽 리본이 만나는 점을 기준으로.

9 아래쪽 리본 왼쪽끝에서 1cm 정도 떨어진 곳을 기준으로.

10 위쪽으로 올려 접은 리본을 아래쪽으로 내려주세요.

11 10번 과정을 한 번 더 반복해주세요.

12 아래쪽으로 내려왔다면,

13 리본을 뒤쪽 접힌 리본 길이에 맞추어 잘라주세요.

14 끝은 열처리 해줘야 됩니다.

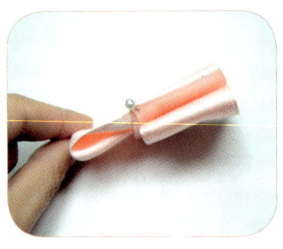
15 위쪽에서 보면 이렇게 보입니다.

16 리본을 바로 놓고, 제일 위쪽 접힌 리본을 들어주세요.

17 든 앞쪽 리본의 오른쪽 끝을,

18 바닥에 있는 리본의 오른쪽 1/2지점까지 당겨 올려주세요.

19 그러면 이런 모습으로 올라가게 됩니다.

20 앞쪽 리본과 제일 뒤쪽 리본이 만나는 지점을 기준으로,

21 시침핀을 찔러준뒤,

달콤 tip
바늘땀의 크기는 0.7cm 정도로 해주면 됩니다.

22 바느질 해줍니다.

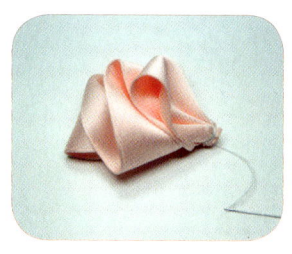

23 오른쪽으로 튀어나온 리본을 예쁘게 정리해서 열 처리 해주고,

24 실을 잡아당겨 2-3번 리본끝을 묶어준 다음,

25 매듭을 짓고 마무리 해주세요.

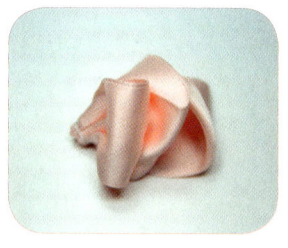
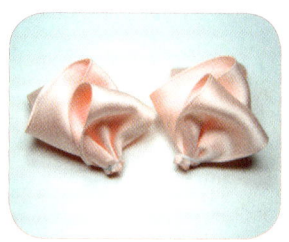

26 위쪽에서 보면 이렇게 3층 리본이 나온답니다.

27 같은 방법으로 2개의 리본을 모두 만들어 주고,

28 서로 마주보게 놓고, 한쪽은 아래로, 한쪽은 위로 놓고 글루건으로 고정시켜 주세요.

29 아래위로 붙였기 때문에 볼륨이 생깁니다.

30 정면 모습입니다.

31 가운데 마무리로 입술마무리 기법을 이용해주세요.

리본중심 옆으로 큐빅 장식을 추가 해주면 더 예쁜 리본을 만들 수 있습니다.

퓨어 아이비

· **난이도** ♥♥♥   · **준비물** 40mm 공단리본 13cm×2장

1 리본을 재단해주세요.

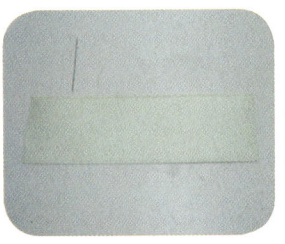

2 왼쪽에서 2cm 떨어진 곳을 표시해주세요.

3 표시점을 기준으로 내려접어주신 후

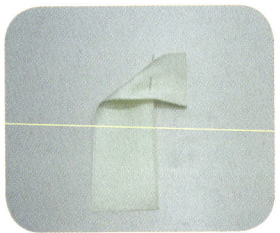

4 뒤집어 주세요.

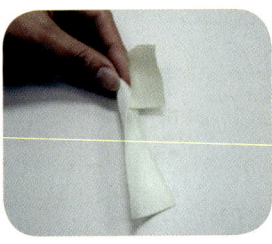

5 왼쪽리본을 들어서

6 오른쪽리본 끝과 만나게 해주세요.

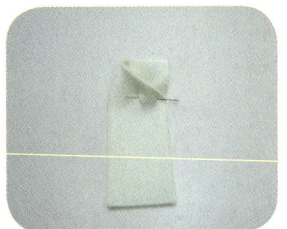

7 고정시켜 주고,

8 아래쪽 리본을 들어서 위로 접어 올려주세요.

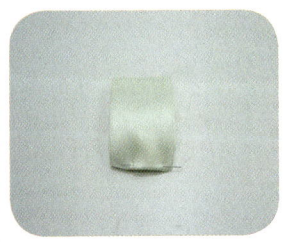

9 시침핀으로 고정해 주세요.

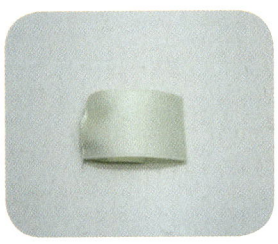

10 리본 방향을 돌려놓고,

11 오른쪽으로 넘겨진 리본을 들어서

12 위쪽으로 꺾어 올려 주세요.

 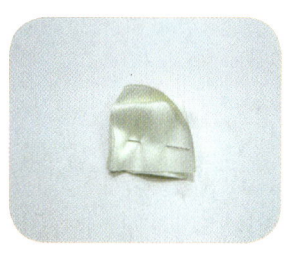 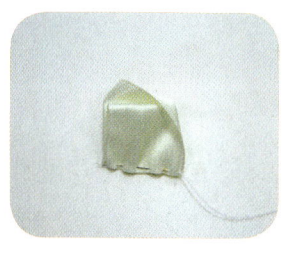

13 다시 아래쪽으로 내려서 리본끝을 맞춰주세요.

14 시침핀으로 리본을 고정해주세요.

15 아래쪽을 따라 바느질 해주세요.

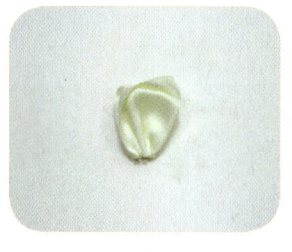   

16 바느질을 다 하셨다면, 실을 잡아당겨 매듭 짓고 마무리 해주세요.

17 같은 모양으로 2개 만들어 주고

달콤 tip
실을 끊지말고 6장을 연결하면 꽃모티브를 만드실 수 있습니다.

18 가운데를 글루로 고정시켜 주세요.

19 잘 고정시켜 준 뒤,

20 가운데는 입술마무리로 마감합니다.

토네이도 버터노바

· 난이도 ♥♥♥　· 준비물 40mm 공단리본 14cm×5장 / 25mm 공단리본 9cm×5장

1 리본을 재단해서 준비해 주세요.

2 세로로 길게 놓아주고, 리본 끝에서 3cm 정도 위에 올라온 곳을 표시해 준 뒤

3 표시해 둔 곳 기준으로 리본을 내려 접어주세요.

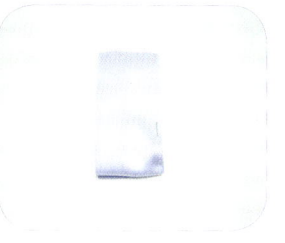

4 다시 아래쪽 끝을 맞춰서 올려 접어 주면,

5 옆모습이 이렇게 됩니다.

6 제일 윗장 리본을 대각선으로 접어주신 후

7 접은 리본을 들어서

8 위쪽으로 올라가 있는 리본을 뒤로 내려 접어주세요.

9 뒤쪽으로 돌려서 끝을 맞춰 주고,

10 앞으로 돌려서 시침핀으로 고정시켜 주세요.

11 아래쪽 끝을 따라 바느질 해주세요.

12 같은 방법으로 5장 연결하고,

13 처음 바느질한 곳을 통과해서 원형으로 만들어 주면 됩니다.

14 25mm 리본도 같은 방법으로 만들어 주세요.

달콤 tip
3cm 올리는 부분에서 1.5cm정도만 올려주면 됩니다.

15 모티브가 다 만들어졌다면,

16 2층으로 올려주세요.

달콤 tip
중앙장식은 장식단추나 얼음큐빅 등으로 마무리 해주면 됩니다.

가아넷 카네이션

· 난이도 ♥♥♥   · 준비물 25mm 공단리본 3cm×30장

1 재단한 리본을 준비해주세요.

2 한 장을 펼쳐놓고

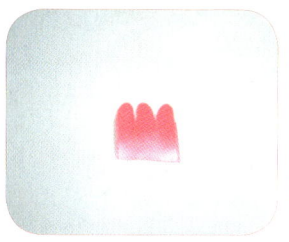

3 위쪽으로 삼등분으로 나눈 뒤, 사진처럼 동그랗게 잘라주세요.

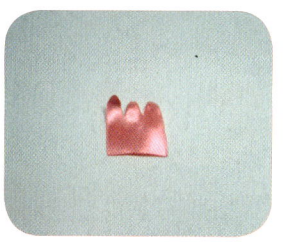

4 잘라놓은 부분을 열처리 하면 자연스럽게 리본이 오그라들게 됩니다.

5 올이 풀리지 않게 살짝살짝 파란불꽃으로 지짐질 처리 해 주세요.

6 재단해 놓은 30장 모두 같은 방법으로 만들어 주면 됩니다.

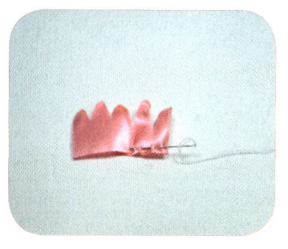

7 만들어 놓은 꽃잎은 제일 마지막 한 칸이 겹치도록 놓고, 아랫부분으로 바느질 해주세요.

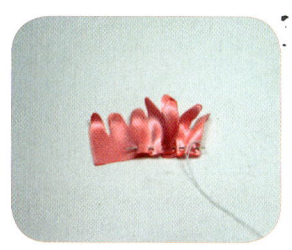

8 같은 방법으로 계속 겹치게 바느질 해주고,

9 30장 중 12~15장을 연결해 주신 다음 처음 바느질 시작한 곳으로 가서 바늘 통과 후,

10 원형으로 만들어 주고, 매듭짓고 마무리 하면 됩니다.

11 나머지 12~15장은 끝까지 바느질 후,

12 매듭짓고 마무리 한 뒤.

13 한쪽 끝을 잡고, 돌돌 말 아준 다음.

14 처음 만들어 놓은 원형 모 티브의 가운데에 붙여주 면 됩니다.

달콤 tip
금속 잎사귀 장식과, 같은 모양의 네이비컬러 꽃잎을 덧대서 풍성 한 느낌의 슈슈로 만들어진 모습 입니다.

가드닝 플로라

· **난이도** ♥♥♥   · **준비물** 20mm 리본 14cm × 5장

1 리본을 재단해서 준비해주세요.

2 세로로 길게 놓아주세요.

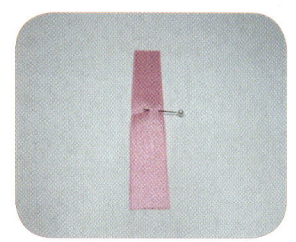

3 가운데 7cm되는 지점을 표시해주세요.

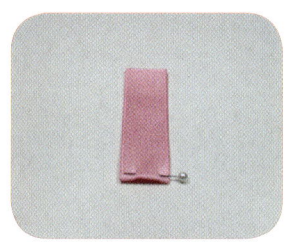

4 표시된 지점을 기준으로 접어주세요.(리본을 세로로 반 올려 접어준 모습입니다.)

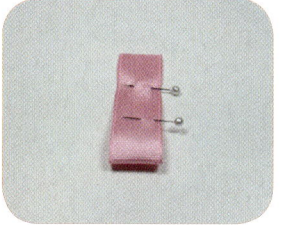

5 그리고 다시 윗부분을 삼등분으로 나눠주세요.

6 제일 아랫부분 표시점을 기준으로 오른쪽으로 꺾어접어주세요.

7 꼽아놓은 시침핀을 뽑아주고,

8 리본을 들어주세요.

9 오른쪽으로 꺾인 리본을 아래방향으로 내려주고,

10 앞리본과 뒷리본 사이의 공간으로 넣어주세요.

11 옆모습입니다.

12 시침핀으로 고정시켜주세요.

13 옆모습입니다.

14 왼쪽 옆 모습입니다.

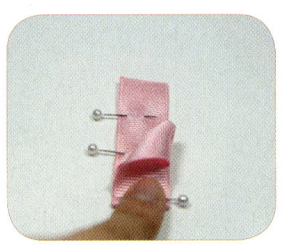
15 뒷면 리본을 삼등분한 뒤,

16 삼등분해서 제일 아랫부분을 기준으로 왼쪽으로 접어주세요.

17 리본을 들어준 상태에서,

18 아랫부분과 만나게 해주세요.

달콤 tip
앞쪽면 접었을때와 같은방법인데 방향만 다르답니다.

19 그리고 뒤로 집어넣어 주세요.

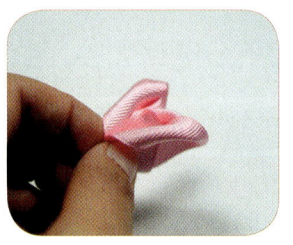
20 리본끝이 접어놓은 리본의 한칸만 제일 뒤로 가게 만들어주세요.

21 앞쪽과 뒤쪽이 서로 반대로 접히게 됩니다.

22 리본을 처음 접은 앞면이 위쪽으로 오게끔 잡아준 후,

23 시침핀으로 고정해주고, 같은 모양으로 5장을 더 만들어 주세요.

24 아랫단을 따라 바느질 해주고,

25 다섯장 모두를 연결한 다음.

26 처음 바느질 시작한 곳을 통과해서

27 원형으로 만들어준 뒤, 매듭짓고 마무리 해주세요.

28 꽃잎에 볼륨을 주고, 접힌 부분을 손으로 펼쳐준 후,

29 가운데를 장식단추로 마무리 해주세요.

골든 브릿지

· 난이도 ♥♥♥ · 준비물 40mm 공단리본 16cm × 5장

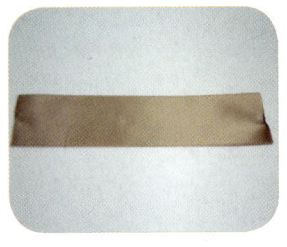

1 리본을 재단해서 준비해 주세요.

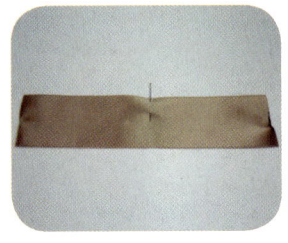

2 리본의 가운데 지점을 표시해주세요.

3 표시한 가운데 지점을 접어서, 리본 끝부분이 아래쪽으로 오도록 방향을 돌려주세요.

4 리본앞장을 들어 왼쪽으로 접어주세요.

5 왼쪽으로 접은 리본을 다시 오른쪽으로 접어주는데, 이 때 0.5cm 정도 오른쪽으로 더 당겨 접어주세요.

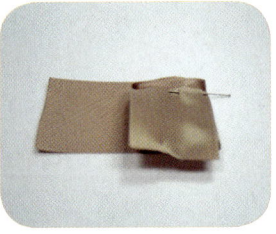

6 리본의 방향을 돌려서, 오른쪽으로 접어진 리본이 아래쪽으로 오도록 놓아주세요.

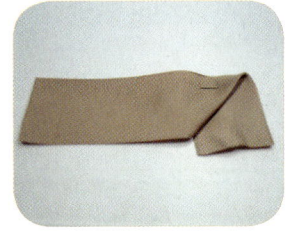

7 앞쪽으로 접어진 리본을 오른쪽으로 펼쳐주세요.

8 오른쪽 리본 끝지점과 왼쪽 아래끝부분을 대각선으로 접어주세요.

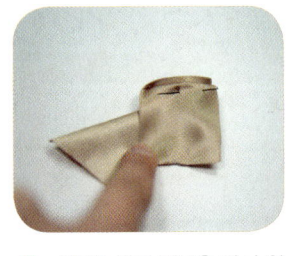

9 펼쳐놓았던 리본을 다시 왼쪽으로 접어주고,

10 왼쪽에 남아있던 리본을 오른쪽 방향으로 앞쪽을 감싸듯이 덮어주세요.

11 뒤쪽 리본끝을 기준으로 바느질 해주세요.

12 불필요한 아랫부분은 잘라서 열처리 해주고.

13 같은방법으로 5개의 꽃잎을 연결해주면 됩니다.

14 모두 연결 후, 처음 바느질 시작했던 곳을 통과하여.

15 원형으로 만들어준 뒤 가운데는 장식으로 마무리 해줍니다.

달콤 tip

앞, 뒤 색이 다른 양면리본이나 단면리본을 사용하시면 더 예쁜 꽃이 랍니다.

러블리 하이 플라워

· 난이도 ♥♥♥   · 준비물 25mm 공단리본 12cm × 6장

1 리본을 재단해서 준비해주세요.

2 세로로 길게 놓아주세요.

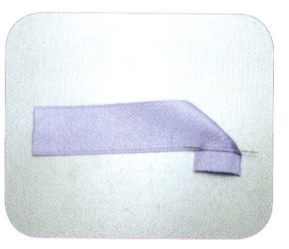

3 리본 끝부분부터 1cm 올라간 지점에서 오른쪽으로 넘겨서 접어주세요.

4 리본을 살짝 들어주고.

5 빗변 끝에서 1cm 내려온 지점에서

6 비스듬히 내려 접어주세요.

7 시침핀으로 고정시켜 주세요.

8 아래쪽으로 내려온 리본을 뒤쪽 리본끝에 맞춰서 위쪽으로 다시 올려 접어 주고.

9 올라간 리본끝을 뒤쪽 리본 아랫부분에 맞춰 수평이 되도록 내려주세요.

10 왼쪽 끝점을 기준으로 위로 올려접어 주고.

 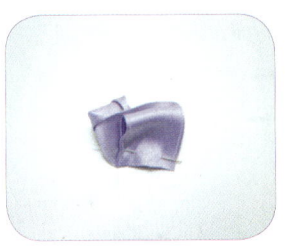 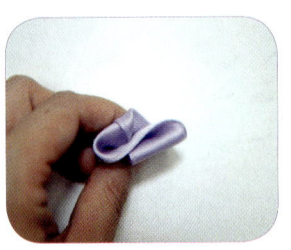

11 다시 내려접어서 끝을 맞춰주세요.

12 시침핀으로 고정시켜 놓은 뒤

13 위를 보시면 주름이 잡힌 모양을 볼 수 있습니다.

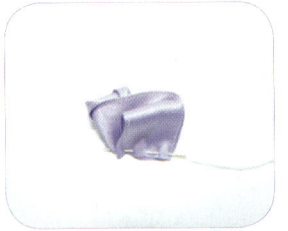 

14 아래쪽을 따라 바느질 해주세요.

15 같은 방법으로 6장을 연결해주세요.

16 바느질을 다 하셨다면, 처음 시작한 곳을 통과해서 원형으로 만들어 주세요.

 가운데 마무리는 큐빅장식을 하면 됩니다.

 뒷면도 예쁜 꽃 모티브가 됩니다.

라운드 사티나

· 난이도 ♥♥♥   · 준비물 40mm 공단리본 10cm × 6장

1 리본을 재단해서 준비해주세요.

2 왼쪽끝을 기준으로 오른쪽 방향으로 3cm 지점에서 리본을 접어주세요.

3 리본을 들어주세요.

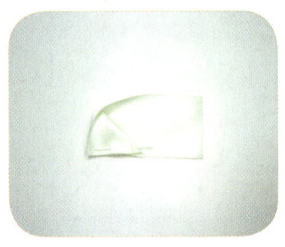

4 앞쪽 리본을 아래쪽 방향으로 내려접어 주세요.

5 오른쪽도 동일한 방법으로 3cm 지점을 앞으로 접어주세요.

6 리본의 앞장을 들어서

7 아래쪽으로 내려주면 됩니다.

8 양쪽 리본이 대칭으로 펼쳐지면 됩니다. 핀으로 고정해둔 뒤,

9 아랫단을 따라 바느질 해주면 됩니다.

10 같은 방법으로 3장을 연결해준 뒤,

11 처음 바느질 시작한 곳을 통과해서 원형으로 만들어주세요.

12 같은 방법으로 모티브를 2개 만들어 주고.

13 꽃잎이 겹치지 않게 올려주세요.

달콤 tip
가운데 마무리는 장식단추 등으로 마무리하면 됩니다.

라 세빌리아

· 난이도 ♥♥♥   · 준비물 40mm 공단리본 8cm × 6장

달콤 tip
양금사 리본이나 양은사 리본을 사용하면 더 예쁜 모티브를 만들 수 있습니다.

1 리본을 재단해서 준비해주세요.

2 오른쪽 위쪽, 왼쪽 아래쪽으로 각각 1cm 떨어진 곳을 표시해주세요.

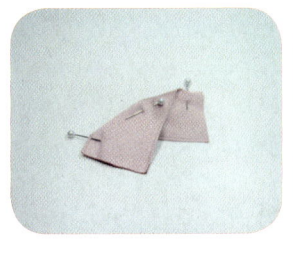

3 표시한 곳을 기준으로 접어주세요.

4 리본의 방향을 틀어서 돌려주고.

5 위쪽 면을 기준으로 1cm 정도 수평아래로 아래쪽 리본을 올려 접어주세요.

6 시침핀으로 고정시켜주세요.

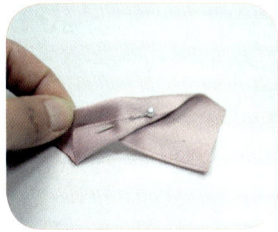

7 리본을 들어주고.

8 아래쪽에서 접어올린 끝부분이,

9 리본을 들어서 뒤로 접어주었을 때,

10 앞쪽 리본이 끝과 마주치게 되도록 해주면 됩니다.

11 뒤집어보면 이렇게 접힌 모습이 나옵니다.

12 다시 앞쪽으로 돌려서 시침핀으로 고정해 주고.

13 표시된 것과 같이 바느질 해주세요.

14 바느질 방향은 오른쪽에서 왼쪽입니다.

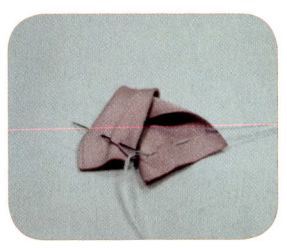
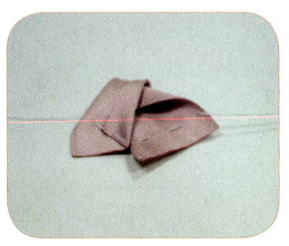

15 제일 위쪽 날개부분이 빠지지 않게 바느질 해 주세요.

16 바느질을 다 하셨다면

17 불필요한 아랫부분은 잘라서 열처리 해주세요.

18 같은 방식으로 총 6장 연결해 주신 다음,

19 처음 시작한 곳을 통과해서

20 원형으로 만들어 주면 됩니다.

달콤 tip

가운데 장식단추를 올려 마무리 해 주면 됩니다.

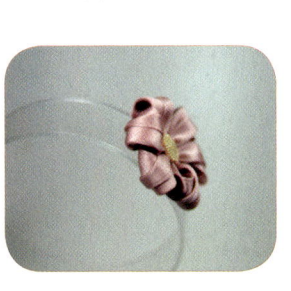

딜라잇 보우

· 난이도 ♥♥♥   · 준비물 40mm 공단리본 19cm × 2장

1 리본을 재단해서 준비해주세요.

2 세로로 길게 놓아주고,

3 1.5cm 위쪽에서 오른쪽으로 꺾어 접어주세요.

4 다시 아래쪽으로 내려 주는데, 이때 뒤쪽 왼쪽리본의 끝에서 1.5cm 띄워서 접어 내려주세요.

5 아랫단이랑 가지런히 맞춰서 리본을 위쪽으로 올려 접어주세요.

6 리본의 오른쪽 아랫부분을 기준으로 1.5cm 올라간 곳에서 왼쪽 대각선으로 내려 접어주세요.

7 왼쪽으로 내려온 리본을 내려 접어주고,

8 방향을 뒤집어 뒤편이 보이게 놓아주세요.

9 오른쪽으로 길게 나온 리본을 들어서,

10 왼쪽으로 접어주세요.

11 이 때 리본은 앞쪽 리본의 끝선을 맞춰 주면 됩니다.

12 뒷면 모습입니다.

13 아랫단을 따라 바느질 해 주세요.

14 끝까지 바느질 하신 뒤

15 뒤집어 주세요.

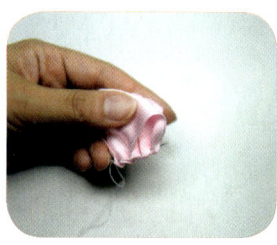
16 뒤집은 뒷면 오른쪽 윗부분으로.

17 바늘을 한 번 통과해 주세요.

18 잡아당겨 주고, 매듭짓고 마무리 해주세요.

19 같은 방법으로 두 개를 만들어 주면 됩니다.

20 가운데를 맞물리게 연결 해주세요.

21 중심은 입술마무리로 해주면 됩니다.

더블 모데라토

· 난이도 ♥♥♥   · 준비물 20mm 리본 13cm × 4장

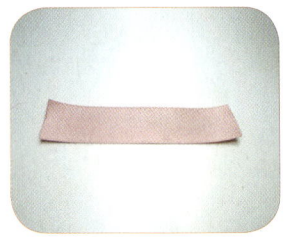

1 공단리본을 준비해주세요.

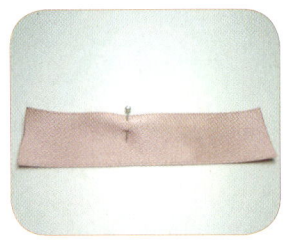

2 왼쪽부터 6cm 떨어진 곳을 표시해준 다음,

3 오른쪽을 접어 내려주세요.

4 내려온 리본을 다시 위로 올려 접어준 다음,

5 핀으로 고정해주세요.

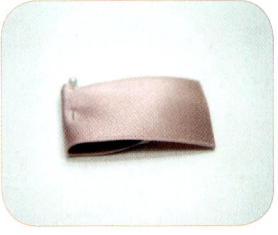

6 왼쪽으로 남아있는 리본을 오른쪽으로 넘겨 접어주고,

7 오른쪽으로 넘긴 리본을 왼쪽리본 끝을 기준으로 앞으로 내려 접어주세요.

 달콤 tip

리본 위쪽 끝라인을 맞춰주면 됩니다.

8 아래쪽으로 내려온 리본을 리본 위쪽 끝을 맞춰서 올려 접어주세요.

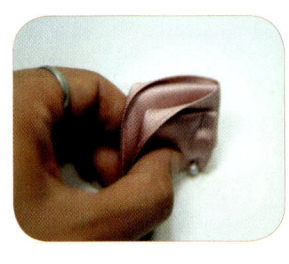

9 뒤집어서 보면 이런 모양입니다.

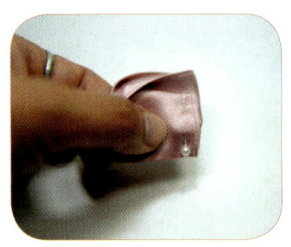

10 앞쪽으로 시침핀을 찔러서 고정해주고,

 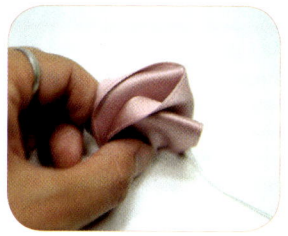  

11 아래쪽을 따라 바느질 해 주세요.

12 위쪽 모양입니다.

13 같은 모양으로 2개를 만들어 주세요.

14 중심을 마주보게 놓고 글루로 고정시켜 주세요.

15 같은 방법으로 리본을 2개 만들어 주고.

16 나란히 놓고 붙여주세요.

17 중심은 입술마무리 해주면 됩니다.

달콤 tip

25mm는 9cm로 6장을 연결하면 꽃 모양이 나옵니다. 2번 과정을 4cm 지점에서 내려 접어주고 총 6장 연결하면 됩니다.

뷰티풀 버터플라이

· 난이도 ♥♥♥   · 준비물 40mm 공단리본 30cm × 1장 / 34cm × 1장

1 리본을 재단해주세요.

2 리본의 가운데를 잘 표시 해주세요.

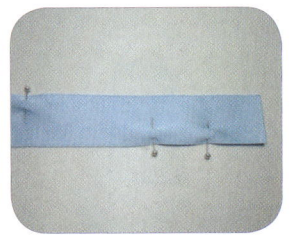

3 끝에서 4cm / 8cm 표시해 주고.

4 먼저 끝에 4cm 남겨놓고 내려 접어주세요.

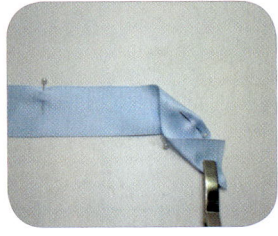

5 내려온 리본을 위쪽으로 올려 접어주고.

반대(뒤쪽으로 올려 접는방법)로 접어주셔도 무관합니다.

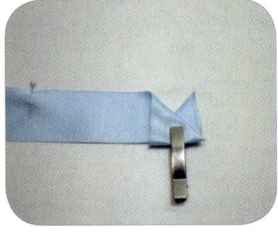

6 접어놓은 아랫부분을 뒤쪽으로 돌려 위쪽으로 접어주세요.

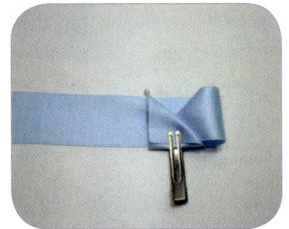

7 오른쪽 리본끝을, 중앙 표시점 쪽으로 왼쪽으로 넘겨 접어주세요.

5번에서 설명한대로, 앞/뒷쪽을 반대로 접을 경우 오른쪽은 사진 설명과 같은 앞쪽으로 접은 경우, 왼쪽은 글로 설명한 뒤쪽으로 접은 경우입니다.

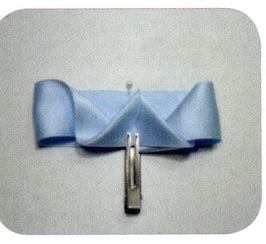

8 같은 방법으로 왼쪽편도 접어서 중앙쪽으로 양쪽이 맞물리도록 해주세요.

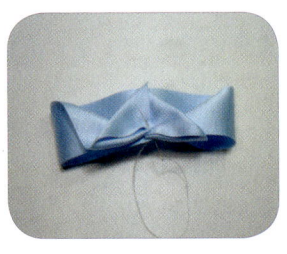

9 가운데를 겹쳐주고, 리본이 빠지지 않게 바느질 해주세요.

10 실을 당겨 매듭짓고 마무리 해주면 됩니다.

11 같은방법으로 나머지 한 장을 접어주세요. 위쪽은 30cm / 아래쪽 은 34cm 리본입니다.

12 서로 반대방향으로 가 운데 중심을 맞춰서 붙 여주고,

13 가운데는 입술마무리로 마감해주면 됩니다.

스타티스

· **난이도** ♥♥♥   · **준비물** 25mm 공단리본 12cm × 4장

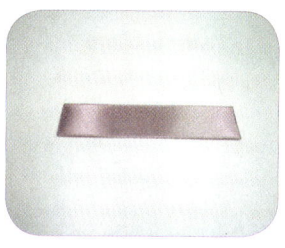
1 리본을 재단해서 준비해주세요.

2 뒤쪽 리본을 0.5cm정도 남겨둔 상태에서 반을 접어주세요.

3 오른쪽 접힌 곳에서 0.5cm 떨어진 곳을 표시해주세요.

4 리본을 앞쪽으로 표시된 지점으로 내려 접어주세요.

5 리본을 뒤집어 준 뒤, 위쪽에서 0.5cm 떨어진 곳을 표시해주세요.

6 표시해둔 지점에서 리본을 앞으로 내려주세요.

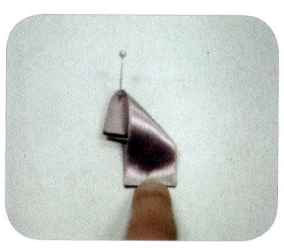
7 이때 리본 끝이 뒤쪽으로 내려온 리본의 끝이랑 겹치게 놓고 잡아주세요.

8 아래쪽 끝이 맞물리게 잡아주면 됩니다.

9 리본을 들어서

10 왼쪽 모서리 부분을 아래쪽 맞물려 있는 리본의 정중앙으로 내려 접어주세요.

11 아래쪽으로 리본이 빠지지 않게 조심해서 바느질 해 주시는데요, 같은 모양을 2장 연결해주세요.

12 같은 모양을 2장씩 총 2세트 만들어 준 후,

13 가운데를 글루로 붙여서 나비모양으로 만들어 주세요.

14 가운데는 입술마무리기법을 이용하면 됩니다.

6장을 연결해서 꽃모티브로 만들어도 된답니다.

88 ___ Part 2 공단리본

썬플라워

· 난이도 ♥♥♥   · 준비물 40mm 공단리본 8cm × 6장 / 펠트지 약간, 진주알

1 40mm 공단리본을 8cm 재단해서 준비해주세요.

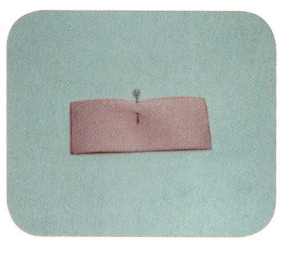

2 가운데를 표시해준 뒤,

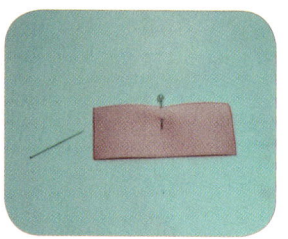

3 왼쪽 리본끝부터

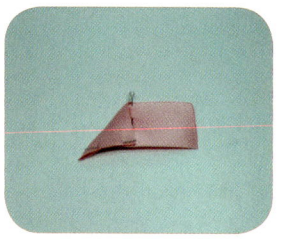

4 가운데를 기준으로 내려 접어주세요.

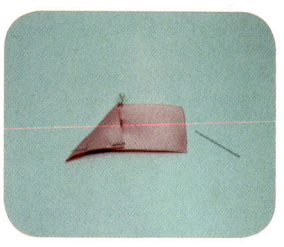

5 오른쪽 리본끝도 동일하게,

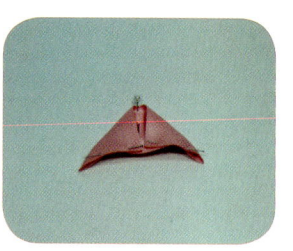

6 내려 접어주세요.

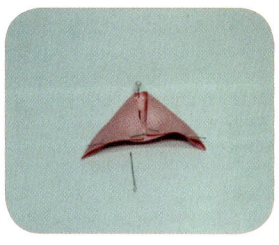

7 왼쪽 리본부터, 가운데에서 1cm 왼쪽으로 간 지점을 기준으로

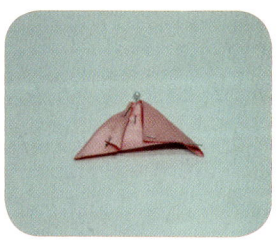

8 다시 바깥쪽으로 접어주세요.

9 오른쪽도 동일한 방법으로 가운데 중심에서부터 오른쪽으로 1cm 떨어진 곳을 기준으로

10 오른쪽 바깥쪽으로 접어주세요.

11 양쪽을 모두 접었다면, 들어주고

12 접혀 올라가 있는 리본끝을 기준으로

13 오른쪽 끝부터 바느질 해 주세요. 각 면마다 2땀씩 바느질 하세요.

14 가운데는 3땀.

15 왼쪽 날개 각면에는 다시 2땀.

16 이렇게 총 6장의 리본을 연결해 주면 됩니다. 6장의 리본을 다 연결하였으면,

17 바느질을 처음 시작한 첫 번째 꽃잎으로 가서 바늘을 통과한 뒤,

18 동그랗게 모티브를 만들어 주고, 보이지 않게 매듭지어 주면 됩니다.

19 꽃잎 끝쪽 가운데 부분을 기준으로,

20 안쪽으로 글루를 발라서 잎을 오므려 붙여준 후,

달콤 tip

글루가 다 굳기 전에 재빨리 모양을 잡아주세요.

21 아래방향으로 비틀어서 모양을 잡아주세요.

22 끝을 다 모아 붙이셨다면,

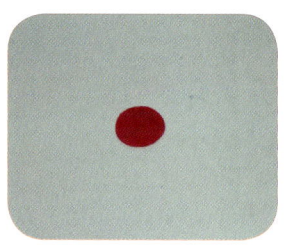

23 펠트지를 준비해 주고,

24 모티브의 가운데 부분에 들어가게 알맞게 잘라주세요.

25 자르셨다면,

달콤 tip

모아 붙인 꽃잎 끝부분으로 작은 진주알을 붙여주어도 포인트가 됩니다.

26 글루로 진주알을 촘촘하게 붙여준 다음,

27 모티브 앞쪽으로 배치하면 됩니다.

제미니 로즈

· **난이도** ♥♥♥   · **준비물** 25mm 공단리본 12cm × 7장

1 재단한 리본을 준비해 주세요.

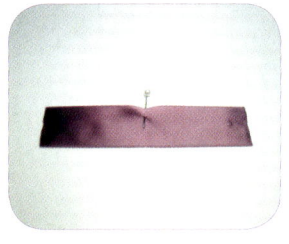

2 리본의 가운데를 살짝 표시해주고,

3 가운데 표시한 곳을 기준으로 오른쪽으로 접어주세요.

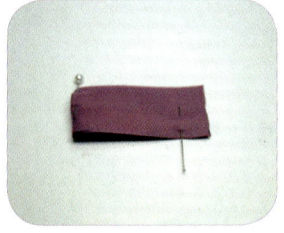

4 오른쪽 아래 기준으로 1cm 떨어진 곳을 기준으로

5 앞장을 아래로 내려서 접어주세요.

6 리본을 뒤집어 주고

7 뒤쪽도 앞쪽처럼 내려 접어주세요.

8 다시 앞쪽으로 돌려주고,

9 리본의 방향을 돌려놓아 주세요.

10 아래쪽에 'ㅅ'자 모양의 가운데로

11 처음에 내려접을 때 1cm 떨어뜨려 놓은 곳을 아래쪽 'ㅅ'자 중앙과 만나게

12 내려 접어주세요.

13 핀으로 살짝 고정시켜 주고,

오른쪽 내려접은 곳 끝부분을 시작으로, 왼쪽 리본끝 1/2 지점을 지나서, 제일 오른쪽 끝으로 바느질 하시는데요, 끝쪽은 삼각형으로 접혀 있어서 4겹이 모두 바늘이 통과해야 위쪽 삼각형이 안풀리게 됩니다.

14 일단 왼쪽 아래 1/2 지점으로 바느질 해주고,

15 모서리를 따라 바느질하고 삼각형 끝부분의 리본 4겹 모두 바늘이 통과해야 합니다.

16 바느질한 아래로 내려온 리본들은 잘라버리고, 열처리 해주세요.

17 같은 방법으로 7장 모두 연결해주고, 주름을 아주 살짝만 잡아준 뒤, 매듭짓고 마무리하면 됩니다.

18 처음 바느질한 곳으로 가서,

19 끝을 잡고,

20 돌돌 감아주면 됩니다.

21 감아주는 것이 어렵다면, 글루를 발라주면 됩니다.

22 꽃모양을 보면서 간격을 조절해 감아주고, 끝까지 말아준 뒤, 글루로 고정해주면 됩니다.

달콤 tip
중간중간에 글루를 발라주면 꽃모양잡기가 쉽습니다.

밀르로즈

· 난이도 ♥♥♥　· 준비물 25mm 공단리본 50cm 이상

꽃을 만들 때 크기를 봐 가면서 재단해도 무관합니다.

1 리본을 재단하지 않고 길게 준비해주세요.

2 리본끝을 오른쪽으로 가도록 펼쳐주세요.

단면 공단일 경우 뒷면을 보이게!

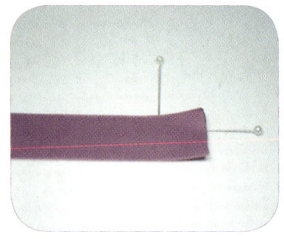 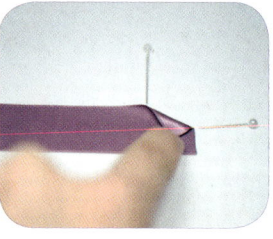 

3 오른쪽 끝은 위쪽에서 1/3 지점, 위쪽은 2cm 지점을 표시해주세요.

4 표시해 놓은 두 곳을 기준으로 내려 접어주세요.

5 끝을 잡고 돌돌 말아주세요.

한번 말아서 글루로 고정시켜 주면 풀리지 않고 쉽게 감아줄 수 있습니다.

6 삼각형으로 내려 접은 곳까지 다 말아주었다면

7 한번만 더 감아주고,

8 아래쪽을 풀리지 않게 핀으로 찔러서 고정해 준 다음,

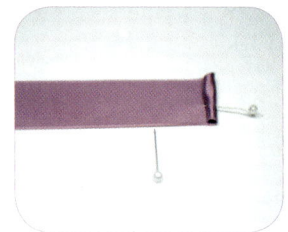  

9 말아준 리본에서 2cm 떨어진 아랫부분을 표시해주세요.

10 표시해 놓은 곳으로 리본을 내려 접어주고,

11 리본을 들어서

  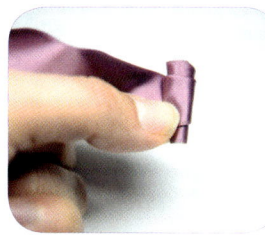

풀리지 않게 글루로 고정해도 무관합니다.

12 말아놓은 리본의 시침핀을 제거하고 접어 놓은 리본쪽으로 돌돌 말아주세요.

13 말아주다 보면

14 리본이 접혀진 상태로 말아 주기 때문에 끝이 올라가게 됩니다.

15 접힌 부분을 끝까지 말아 주세요.

16 여기서부터는 9번부터의 과정과 동일한 방법으로 만들어 주면 됩니다.

17 10번과정과 동일하게 내려 접어주세요.

18 위쪽에서 보이는 돌돌 말린 모습입니다. 꽃의 크기를 봐 가면서 같은 과정을 반복해서 모양을 잡아주세요.

꽃이 풀리는 것이 걱정이라면 중간중간 글루로 고정하면서 말아주어도 무관합니다.

19 원하는 크기만큼 꽃잎을 말아 주셨다면.

20 마지막 꽃잎은 바깥쪽으로 뒤집은 다음 접어서.

21 글루를 발라서 고정시켜 주세요.

22 글루가 마르고 난 뒤, 좀 더 낮은 꽃을 원한다면,

23 가운데 부분에 실이나 철사 등을 이용해 묶어 주고, 끝부분을 잘라준 다음

24 열처리 후, 글루로 단단히 고정시켜 주면 됩니다.

25 뒤편 마감은 펠트지를 잘라 붙여주면 됩니다.

에스메랄다

· 난이도 ♥♥♥   · 준비물 40mm 공단리본 10cm × 5장

1 재단한 리본을 준비해 주세요.

2 리본의 가운데를 살짝 표시 해주고,

3 표시한 가운데를 기준으로 오른쪽을 접어 내려주세요.

4 풀리지 않게 시침핀으로 접어서 고정해 주세요.

5 왼쪽을 뒤로 접어 내려주는데, 아래쪽 리본이 서로 0.5cm 정도 겹치도록 내려 접어주세요.

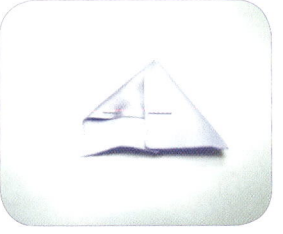

6 시침핀으로 고정시켜 주세요.

7 오른쪽 리본을 살짝 들어서 왼쪽 앞으로 덮듯이 접어주세요.

8 덮어준 다음,

9 시침핀을 찔러서 고정해 주세요.

10 뒤집은 모습입니다.

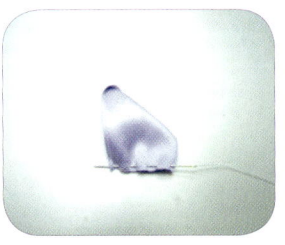

11 뒤집은 상태에서 바닥면을 따라 바느질 해주세요.

12 바늘의 끝쪽을 잘 보시면, 리본의 앞에서 뒤로 통과하게 되어 있습니다.

13 방향을 살짝 뒤쪽에서 본다면, 바늘이 꼭 앞에서 뒤로 가 있어야 하고요, 끝쪽은 리본이 한겹 바느질 된 상태이어야 맞게 한겹니다.

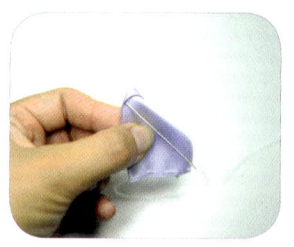
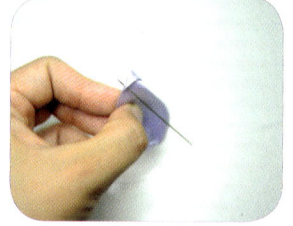

14 아래쪽 바느질이 끝나셨다면, 위쪽 접힌 부분의 삼각형 뒤쪽에서 앞쪽으로 바늘을 통과해주세요.

15 안쪽에서 바깥쪽으로 바늘이 나오게해준 뒤 잡아당겨주세요.

16 같은 방법으로 5장을 모두 연결해준 다음,

17 처음 바느질 시작한 곳을 통과해서.

18 원형으로 만들어 주세요.

19 가운데 장식단추를 달아주면 됩니다.

달콤 tip

앞, 뒤가 있는 단면리본이나 양면이 다른 양면리본으로 만드시면 훨씬 더 예쁜 꽃이 된답니다.

하모니 플라워

· 난이도 ♥♥♥♥　· 준비물 40mm 공단리본 15cm × 6장

1 리본을 재단해서 준비해 주세요.

2 오른쪽 아래 6cm 되는 지점을 표시해줍니다.

3 위로 올려 접어준 다음.

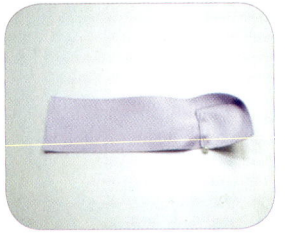

4 아래쪽을 맞춰서 내려 접어주세요.

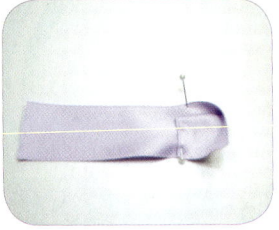

5 접힌 왼쪽변을 기준으로 위쪽에서 1cm 떨어진 곳을 표시해주세요.

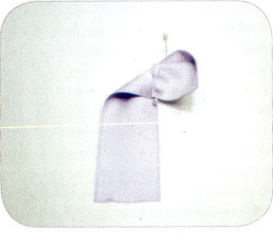

6 표시된 점을 기준으로 뒤로 내려 접어주세요.

7 그리고 리본을 들어서

8 앞으로 돌려 접어주세요.

9 아래쪽을 시침핀으로 고정시켜주고.

10 접힌 왼쪽리본을 펼쳐주세요.

11 바닥에 내려놓으면 이렇게 아래쪽으로 리본이 펼쳐지게 됩니다.

12 아래쪽으로 내려온 리본을 각도를 살짝 오른쪽으로 틀어서 올려주세요.

13 아래쪽 모습입니다.

14 제일 윗장 올라간 리본을 내려 접어주세요. 아래쪽 끝 리본이랑 맞추면 됩니다.

15 왼쪽 끝부분을 맞추고

16 오른쪽도 맞춰주세요.

17 시침핀으로 고정시켜주세요.

18 위쪽에서 본 모습입니다.

19 아래쪽을 따라 바느질을 하면 됩니다.

20 끝부분은 리본이 많으니 빠지지 않게 꼼꼼히 바느질 해주세요.

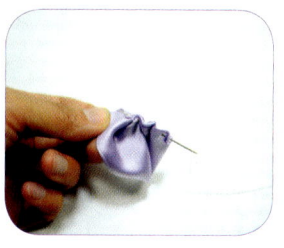

21 양쪽 끝이 안빠지게 바느질 해주고.

22 은방식으로 3장 연결해주고.

23 처음 시작한 곳으로 통과해서 원형으로 만들어주세요.

24 같은 방식으로 모티브를 하나 더 만들어 주고,

25 모티브를 겹치지 않게 올려주세요.

가운데 장식을 추가하면 더 예쁘답니다.

26 가운데를 눌러서 단단하게 붙여주세요.

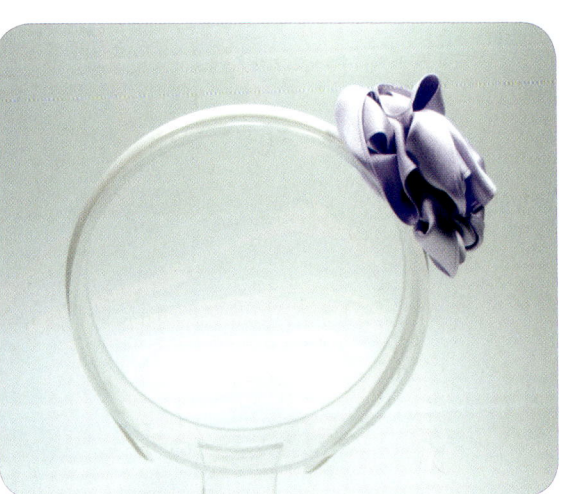

• **난이도** ♥♥♥♥ • **준비물** 25mm 공단리본 8cm × 5장

1 리본을 재단해서 준비해 주세요.

2 세로로 길게 놓아주세요.

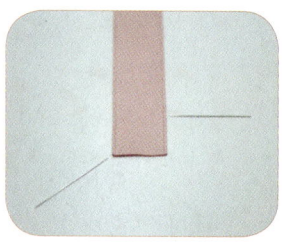

3 오른쪽은 위쪽으로 1.5cm 올라간 곳을 표시하고, 왼쪽 모서리도 표시해주세요.

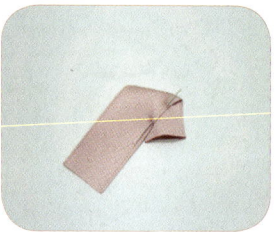

4 표시된 두 곳을 기준으로 리본을 앞으로 내려 접어주세요.

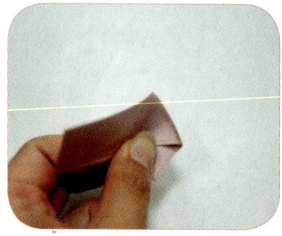

5 리본을 들어주고,

6 리본을 오른쪽으로 꺾어 접어줍니다.

7 이때, 오른쪽으로 꺾으면서 앞쪽은 0.5cm정도 남겨주세요.

8 앞쪽으로 내려온 리본을 뒤쪽 리본 끝에 맞춰서 위로 꺾어 접어 올려주세요.

9 위로 올려준 리본을 들어서

10 리본끝을 맞춰서 앞으로 접어 내려주세요.

 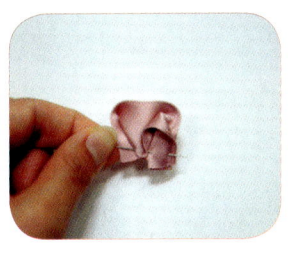 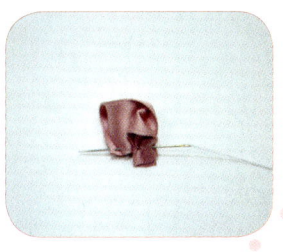

11 앞으로 접어 내려온 리본의 앞쪽을 오른쪽으로 절반 넘겨 접어주세요.

12 핀으로 고정해 주고,

13 아랫단을 따라 바느질 해주세요.

 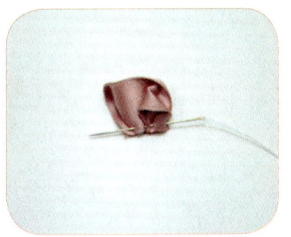

14 위쪽에서 보면 이렇게 웨이브가 완성됩니다.

15 바느질 한 뒤, 필요없는 부분은 잘라주어도 무관합니다.

16 같은 방법으로 5장을 연결해주고,

17 처음 시작한 곳을 통과해서 원형을 만들어주세요.

18 그리고 뒤집어 주면 됩니다.

19 가운데는 장식단추로 마무리 해주면 됩니다.

글로리 데이즈

· 난이도 ♥♥♥♥ · 준비물 40mm 공단리본 60cm 이상

1 공단리본을 준비해주세요.

재단하는것보다 길게 쓰는게 더 좋습니다.

2 리본끝을 왼쪽으로 놓아주세요.

3 왼쪽 리본끝 아래쪽에서 2cm 오른쪽 지점으로, 리본을 내려 접어주세요.

4 위쪽 꼭지점에서 0.5cm 정도 떨어진 곳을 표시해주세요.

5 리본을 들어서

6 위쪽 0.5cm 표시지점과, 아래쪽 리본 끝 지점을 기준으로 뒤로 접어주세요.

7 리본을 들어서 리본 끝 꼬리가 오른쪽으로 갈 수 있게 잡아주세요.

8 바닥에 놓은 뒤.

9 오른쪽으로 길게 내려온 리본을 위쪽 면을 따라서 위로 올려 접어주세요. 그리고 시침핀으로 고정해 둡니다.

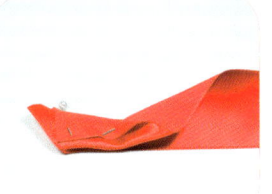

10 뒤집은 모양은 이렇게 나옵니다.

리본 끝 꼬리가 항상 오른쪽으로 펼쳐져야 합니다.

11 이제부터는 무한 반복입니다. 윗 지점을 기준으로 0.5cm 띄운 곳을 표시해 주고,

12 다시 접어서 뒤로 보내 주세요.

13 리본을 뒤집어서 꼬리가 위로 보이게 만들어준 뒤,

14 끝라인 맞춰서 다시 접어 올려주세요.

15 시침핀으로 겹치는 자리를 표시해 주세요.

16 위 과정을 12~15번 정도 반복하면 됩니다.

17 마지막 끝은 접힌 리본을 기준으로 길이를 맞춰서 잘라주세요.

18 처음 시작한 리본 끝 부분도 길이를 맞춰서 잘라 주세요.

19 이렇게 리본을 모두 접으셨다면,

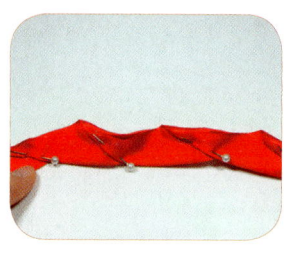
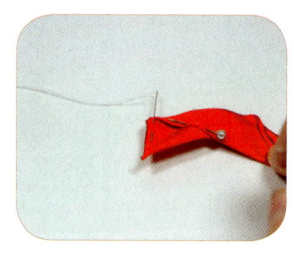

20 시침핀의 방향을 모두 동일하게 펼쳐 놓고,

21 처음 접기 시작한 왼쪽 리본 끝부터, 바느질을 해주세요.

달콤 tip
너무 아래쪽을 바느질하지 마시고, 아래쪽에서 0.5cm 올라온 곳을 바느질 해주면 됩니다.

22 위쪽에서 아래쪽으로 바느질 해준 뒤, 리본의 아래쪽을 따라서 바느질 합니다.

23 시침핀을 뽑아가며 리본이 겹치는 부분이 빠지지 않게 바느질 해주세요.

24 바느질 하면서 실을 조금씩 잡아당겨 주름을 만들어 주세요.

25 끝까지 바느질을 꼼꼼히 해준뒤, 매듭지어 마무리 해주면 됩니다.

26 주름을 조금만 넣어주어 마무리 된 상태입니다.

27 리본끝을 잡아주고

28 끝을 잡고 돌돌 말아주세요.

29 끝을 잡고 말아주는 것이 어렵다면, 끝이 수평이 되게 말아준다고 생각하면 됩니다.

30 중간중간 글루를 조금씩 쏘아서 고정시켜 주는것도 좋은 방법입니다.

31 리본의 마지막 부분은, 0.5cm 정도 아래로 내려줘서, 감싸듯이 마무리 해주세요.

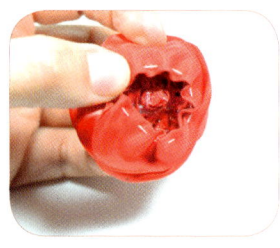

32 다른 꽃잎보다 제일 마지막 겉잎이 아래로 내려간 모습입니다.

33 뒤쪽은 펠트지로 바느질 자국이 안보이게 예쁘게 마감해주세요.

리빙스턴 데이지

· 난이도 ♥♥♥♥   · 준비물 40mm 공단리본 16cm × 2장

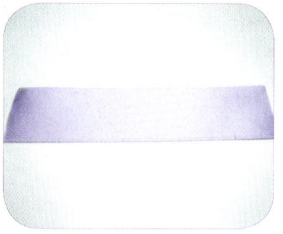

1 리본을 재단해서 준비해주세요.

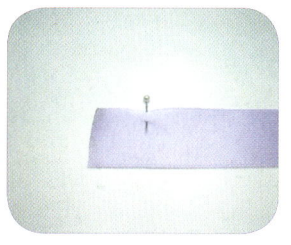

2 왼쪽끝을 기준으로 오른쪽으로 3cm 지점을 표시해주세요.

3 표시해둔 곳을 기준으로 리본을 왼쪽으로 넘겨 접어주세요.

4 왼쪽으로 넘겨진 리본을 살짝 들어준 다음.

5 위로 접어 올려주세요.

6 위쪽 리본끝을 맞춰서 다시 내려 접어주고,

7 리본을 아래위 방향을 바꿔 놓아주세요.

8 앞장을 살짝 들어서 왼쪽면의 1/2 지점으로,

9 부채처럼 접어주세요.

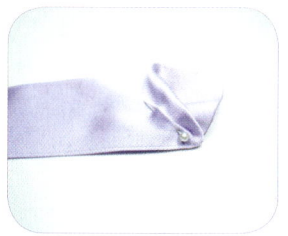

10 핀으로 살짝 고정시켜준 다음.

11 왼쪽으로 남겨진 리본을 살짝 들어서

12 오른쪽 아랫부분과 만나게 접어주세요.

13 시침핀으로 고정시켜준 뒤, 아랫부분을 따라 바느질 해주세요.

14 가운데 부분이 빠지지 않게 바늘땀을 조절하고,

15 잡아당겨서 매듭짓고 마무리 해주세요.

16 똑같은 모양을 2개 만들고,

17 가운데를 붙여주세요.

18 모양을 잡아준 다음,

19 입술마무리로 가운데를 마감해줍니다.

스타더스트 더 스카이

· 난이도 ♥♥♥♥ · 준비물 40mm 공단리본 10cm × 5장

1 40mm 공단리본을 10cm로 재단해주세요.

2 왼쪽부터 내리고, 핀으로 고정시켜주세요.

3 오른쪽도 내려접고 고정해주세요.

달콤 tip
가운데가 1cm 정도 벌어지게 됩니다.

4 리본을 뒤집어서 놓고,

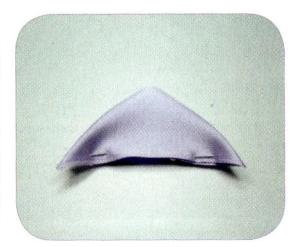

5 왼쪽부터 가운데로 향하게 한번 접어준 후,

8 오른쪽도 같은 방법으로 접어주고, 핀으로 고정시켜 주세요.

9 바느질을 해주고,

6 다시 바깥쪽으로 한 번 더 접어주세요.

7 "M"자가 누워있는 모양으로 접히게 됩니다.

116 ___ Part 2 공단리본

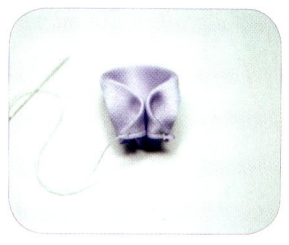

10 접힌 날개의 양끝쪽으로 4군데 바느질하면 됩니다.

11 잡아당겨 주세요.

12 나머지 5장도 동일하게 바느질 해주세요.

13 5장을 다 연결하였으면, 처음 바느질 시작한 곳으로 가서 한 땀 떠준 뒤, 잡아당겨 마무리하세요.

14 원형 꽃으로 만들어집니다.

15 가운데 장식단추를 달아준 뒤, 꽃잎의 정중앙부분을,

16 꽃잎이 만나는 안쪽 지점으로 밀어넣은 뒤, 글루를 발라주세요.

17 6장 꽃잎 모두를 같은 방법으로 밀어넣어서 붙여주고,

18 진주구슬을 붙여주세요..

달콤 tip
글루보다는 바느질로 한 땀 뜨는 것이 더 단단하게 고정할 수 있답니다.

썸머 데이지

· 난이도 ♥♥♥♥   · 준비물 25mm 공단리본 8cm × 5장

1 리본을 재단하여 양끝을 열 처리 해주세요.

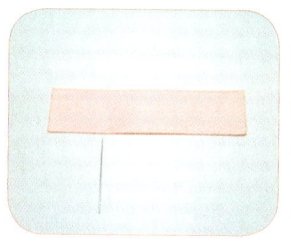

2 왼쪽 리본끝에서 3cm 오른 쪽으로 들어온 지점을 표시 해주세요.

3 왼쪽 3cm 지점을 기준으로 오른쪽 리본을 왼쪽으로 넘겨 접어주세요.

4 왼쪽으로 넘어간 리본을 위쪽으로 꺾어서 접어 올려주세요.

재단하는것보다 길게 쓰는게 더 좋습니다.

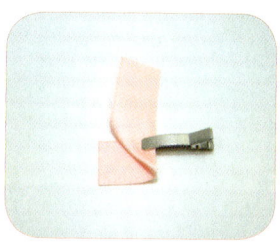

5 고정시켜 놓아주세요.

6 리본을 들어서.

7 뒤쪽으로 내려 접어주세요. 앞쪽 모서리 끝을 딱 맞춰 접어주고

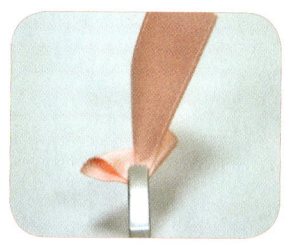

8 모서리 끝이 풀리지 않게 잘 잡아주어야 합니다.

9 오른쪽으로 남아있는 리본을

10 뒤로 한바퀴 돌려주세요.

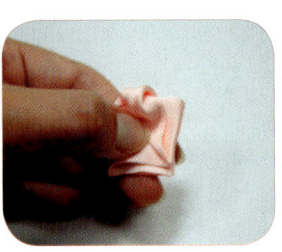
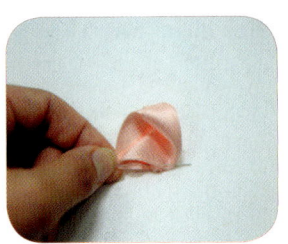

11 꼬인 모양이 나타나면,

12 그대로 뒤로 내려접어서, 앞쪽 리본 끝부분과 맞추어 잡아주세요.

13 아래쪽을 핀으로 살짝 고정시키고,

14 왼쪽에서 오른쪽으로 아랫단을 따라 바느질 해주세요.

15 똑같은 모양을 5개 만들어서 연결시키고,

16 처음 바느질 시작점을 다시 통과해서 동그랗게 만든뒤, 매듭짓고 마무리 합니다.

꽃잎들은 손가락으로 볼륨을 주어 풍성하게 만들어 주세요.

17 가운데는 장식단추로 마무리 해주세요.

에버그린 튤립

· 난이도 ♥♥♥♥ · 준비물 40mm 공단리본 40cm × 2장

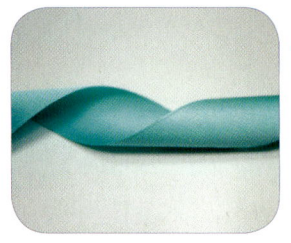

1 공단리본을 준비해주세요.

2 리본을 세로로 길게 놓아주세요.

3 8cm 위쪽 지점을 표시해주세요.

4 표시점이 뒤편 오른쪽 라인 끝에 맞추어 오른쪽으로 꺾어 주세요.

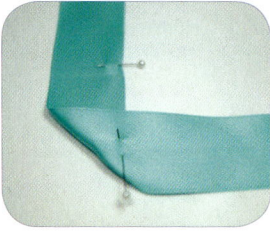

5 오른쪽으로 꺾인 리본이 8cm가 남게 됩니다. 그리고 위쪽으로 4cm 올라간 지점을 다시 표시해주세요.

6 표시된 지점을 기준으로 리본을 올려 접어주세요.

7 다시 리본을 펼쳐주고, 오른쪽과 비대칭으로 위쪽 리본을 왼쪽으로 꺾어 접어주세요.

8 표시해둔 곳을 다시 올려 접어주고, 뒤편 왼쪽리본을 살짝 잡아서,

9 앞으로 내려 접어주세요.

10 뒤로 돌려 주면 됩니다.

11 그런다음 다시 왼쪽으로 간 리본을 들어서

12 다시 앞으로 내려주세요.

13 핀으로 살짝 고정해 주세요.

14 위쪽에서 보면 삼각형 모양이 보이게 됩니다.

15 아래쪽을 맞추고 나면 살짝 벌어지게 됩니다.

16 살짝 벌어진 리본을

17 바닥에 내려두고, 시침핀으로 고정시켜준 뒤.

18 처음에 만들어 놓은

19 수평부분을 기준으로 오른쪽으로 먼저 살짝 사선으로 올려 접어주세요.

20 오른쪽 변에서 4cm 정도 되는 점을 기준으로 대각선으로 앞으로 접어주고

21 들어서

22 뒤로 내려주세요(뒷면 모습입니다).

23 뒤쪽으로 내려온 리본을 조금 전과 같이 수평부분을 맞춰서, 대각선으로 올려주고,

24 4cm 지점을 기준으로 이번엔 안쪽으로 접어주세요.

25 리본을 들어주고

26 뒤로 감싸듯이 내려준 뒤,

27 돌려주면, 앞쪽으로 이렇게 셔츠카라 모양으로 'V'자가 나옵니다.

28 그리고 옆부분을 보시면, 총 3장의 리본이 사진처럼 접히게 됩니다.

29 잘 정리해서 아랫부분 리본을 셋 다 나란히 겹쳐주세요. 그리고 겹쳐지는 부분으로 바느질 해주세요.

30 필요 없는 부분은 잘라주세요.   31 잘라낸 부분은 지짐질처리 해주면 됩니다.

32 같은 모양으로 2개 만들어 주세요.   33 가운데를 겹쳐서 붙이면 됩니다.   34 입술마무리로 가운데 마무리 해주세요.

허쉬로즈

· 난이도 ♥♥♥♥♥　· 준비물 40mm 공단리본 10cm × 7장 / 2set

1 리본을 재단해서 준비해주세요.

2 왼쪽 위에서 4cm 오른쪽 아래에서 4cm 지점을 표시해주세요.

3 표시된 곳을 기준으로 대각선으로 접어주세요.

4 반대편도 대칭이 되도록 접어주세요.(이때 간격을 0.3cm 정도 띄우면 됩니다.)

5 양쪽 접어놓은 리본을 잡고 띄워놓은 가운데를 중심으로,

6 바깥쪽으로 접어주세요.

7 잘 맞춰서 접어준 다음,

8 리본의 끝부분을 0.5cm 정도 내려주세요.

9 반대편 리본도 동일하게 내려주세요.

10 접혀진 리본의 아랫부분을 따라서 바느질 해 주세요.

11 'ㅅ'자 모양으로 바느질하면 됩니다.

12 7장 모두 동일한 방법으로 바느질해주세요.

13 실끝을 잡아당겨 주름을 만들어 주고, 매듭짓고 마무리 해주세요. 끝부분을 잡고,

14 말아준 다음.

15 펠트지를 붙여 마감하면 됩니다.

웨딩 블라썸

· **난이도** ♥♥♥♥♥ · **준비물** 40mm 단면 공단 4cm × 20～25장 /
망사리본 : 리본과 같은 치수로 10～15장

달콤 tip 리본이 아닌 원단으로도 만들 수 있습니다.

1 리본을 준비해 주세요.

2 재단해 주세요.

3 리본을 한 장 펼쳐주세요.

4 둥근 사다리꼴 모양으로 재단해 주세요.

5 그리고 지짐질해 주면 되는데,

6 끝부분을 먼저 지짐질 해주세요.

7 다시 라이터를 준비해서,

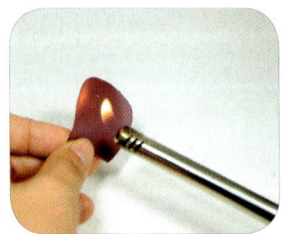
8 파란불꽃 부분으로

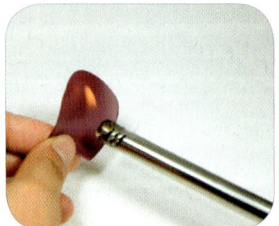
9 리본의 넓은 부분을 지져주세요.

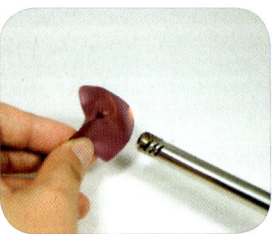
10 불꽃이 지나가듯이 지져주세요.

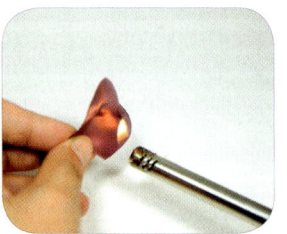
11 적당히 자연스럽게 꽃잎을 만들어 주세요.

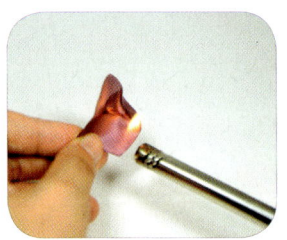
12 준비해둔 리본을 모두 같은 방법으로 만들어 주세요.

달콤 tip 파란불꽃이 1초에 2-3 회정도 스치듯이 지나가주세요.

달콤 tip 너무 오래 스치면 타거나 구멍이 생깁니다.

   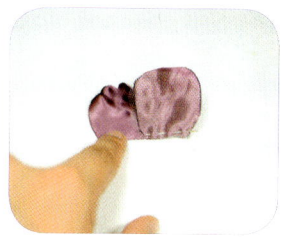

13 망사리본을 준비해 주세요.

14 꽃잎과 같은 모양으로 재단해 주세요.

15 리본위에 망사를 올려주고,

16 리본만 한 장 연결해주세요. 그리고 끝을 따라 바느질 하면 되는데, 끝부분은 조금 겹쳐서 연결해주세요.

17 리본+망사 – 리본 – 리본+망사 – 리본 순서대로 바느질하시면 됩니다.

18 끝을 조금씩 겹쳐가면서 끝까지 바느질 해주세요.

19 끝에서 주름을 잡아서 매듭짓고 마무리해주세요.

20 끝에서부터 말아서 꽃모양을 만들어주세요.

21 글루를 발라가면서 꽃모양을 만들면 됩니다.

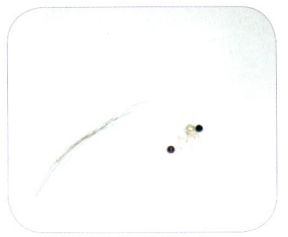 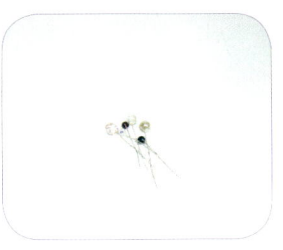 

22 공예용 와이어와 진주알 비즈알을 준비해주세요.

23 진주와 비즈를 공예용 와이어에 끼워서 묶고,

24 만들어진 비즈를 서로 뭉쳐서 하나로 만들어 끝을 짧게 잘라주세요.

25 꽃의 중앙부분에 만들어진 수술을 글루로 고정시켜 주세요.

Part 3

망사리본

기본

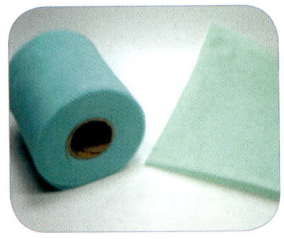  

망사리본은 재단된 형태의 망사 리본과 대폭 원단 두 종류로 나눌 수 있습니다.

10~15cm 내외로 재단된 망사리본이 가장 많이 쓰이긴 하지만, 원단에 비해 가격이 비싼 편입니다.

150cm 내외의 대폭으로 만들어진 망사원단은, 가격이 저렴한 반면, 재단해서 써야하는 번거로움이 있습니다.

 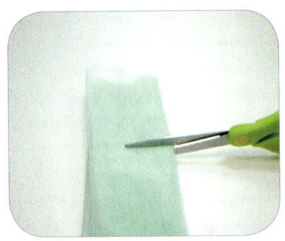 

망사리본은 재단된 형태의 망사 리본과 대폭 원단 두 종류로 나눌 수 있습니다.

필요한 크기만큼 재단해서 사용하면 편리합니다.

깨끗하게 재단될 수 있도록 날이 잘 서 있는 가위를 사용해주세요. (망사의 경우 올풀림이 없어 따로 열처리가 필요 없습니다.)

그 외, 무늬가 들어있거나, 반짝이가 붙어있는 망사도 흔히 사용됩니다.

망사 기초

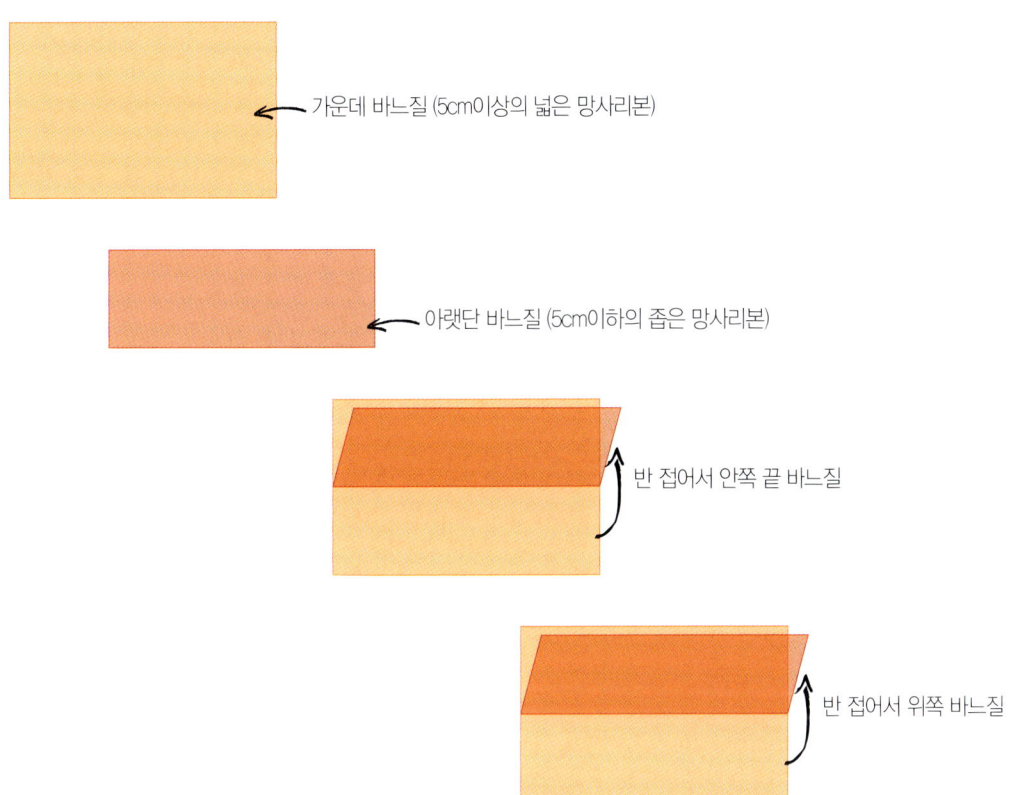

← 가운데 바느질 (5cm이상의 넓은 망사리본)

← 아랫단 바느질 (5cm이하의 좁은 망사리본)

← 반 접어서 안쪽 끝 바느질

← 반 접어서 위쪽 바느질

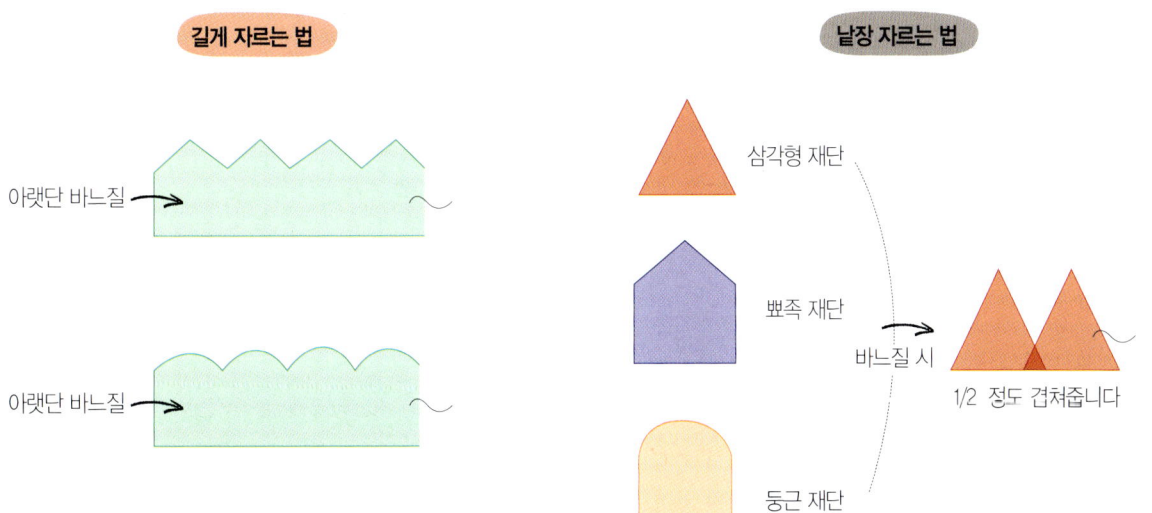

길게 자르는 법

아랫단 바느질 →

아랫단 바느질 →

낱장 자르는 법

삼각형 재단

뾰족 재단

바느질 시

둥근 재단

1/2 정도 겹쳐줍니다

블랙킷

· 난이도 ♥   · 준비물 10cm 폭 망사리본 60cm 이상

1 망사원단을 재단하여 주세요.

2 반을 접어 위로 올려주세요.

3 아래쪽을 따라서 바느질 해주세요.

4 바느질 하면서 실을 잡아당겨 주름을 만들어 주세요.

5 끝까지 바느질 하셨다면,

6 처음 시작한 곳을 통과해서 원형으로 만들어 매듭짓고 마무리하면 됩니다.

7 모티브가 만들어 졌다면,

8 모티브를 살짝 들어주시고,

9 망사 두겹 겹쳐서 바느질한 부분을 손으로 벌려,

10 망사에 입체감을 주세요.

11 리본을 펼쳐서 풍성하게 만들어주세요.

망사의 길이가 길수록 모티브의 볼륨이 풍성해 집니다.

한쪽면을 바닥에 닿게 해준 다음 위쪽으로 펼쳐주세요.

12 펠트지를 이용해서,

13 뒤편에 붙여주세요.

로맨틱 엔젤

- **난이도** ♥   · **준비물** 10cm 폭 망사원단 40cm×2장

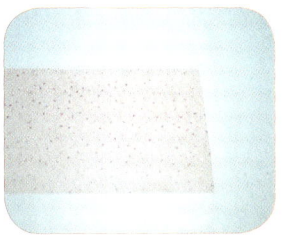
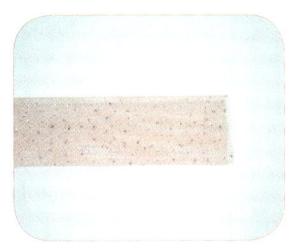

1 망사원단을 재단해서 준비해주세요.

2 아래로 반 접어 내려주세요.

3 끝쪽부터 바느질 해주세요.

4 아래쪽도 바느질 해주세요.

5 벌어진 끝쪽으로 바느질해 주세요.

6 주름을 잡아가면서 바느질 해주세요.

7 끝 쪽까지 꼼꼼하게 바느질 해주세요.

8 처음 바느질을 시작한 곳을 통과해서,

9 원형으로 만들어 준 후, 매듭짓고 마무리 해주세요.

10 나머지 한 장은 같은방법으로 바느질한 뒤, 원형대신 끝에서 매듭짓고 마무리 해주세요.

11 끝을 잡고,

12 돌돌 말아주세요.

13 끝까지 잘 말아준 뒤,

14 글루를 발라서, 처음에 만들어 놓은 모티브 위에 붙여주세요.

15 잘 눌러서 붙여주세요.

  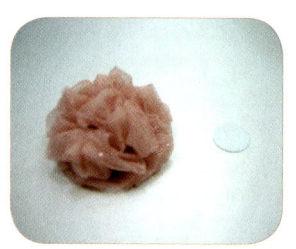

16 글루가 완전히 마른 뒤,

17 모양을 잡아주세요.

18 뒤편으로 돌려서,

19 펠트지로 마감해주세요.

신데렐라

· 난이도 ♥♥ · 준비물 12cm 폭 망사리본 60cm 이상

1 망사리본을 재단 후 준비해 주세요.

2 3등분으로 폭을 나눈 뒤, 위쪽을 먼저 내려 접어주세요.

3 아래쪽도 위로 올려 접어주신 뒤,

4 아랫단을 따라 바느질 해주세요.

5 바느질을 끝까지 다 하신 뒤, 실이 연결되어 있는 상태에서,

6 끝을 잡아주면, 한 겹은 홑겹, 다른 두 겹은 끝이 붙어 있는 걸 볼 수 있습니다.

7 두 겹짜리 망사 가운데에 가위를 넣고

8 컷팅해주세요.

9 잘라진 망사를 포함해서 망사가 3겹이 됩니다.

10 처음 바느질 시작했던 곳을 통과해서,

11 원형으로 만들어 준후 매듭짓고 마무리합니다.

12 겹쳐져 있는 3겹의 망사를 손으로 각각 펼쳐주세요.

13 다 펼치면 풍성하게 볼륨이 살아납니다.

14 가운데 구멍은 망사의 길이가 길어질수록 커집니다.

달콤 tip
망사의 볼륨을 잘 살려주는게 가장 포인트입니다.

15 뒤편으로 돌려서

16 펠트지를 깨끗하게 붙여 마감해주세요.

17 앞쪽은 구멍에 맞춰서 장식단추 등으로 마감해주세요.

+++플러스+++

1-1 완성된 모티브에, 파란불로 지져서 마무리해 주세요.

1-2 약 2초 정도씩 불꽃을 왔다갔다 해주세요.

1-3 한층 더 귀여운 느낌의 모티브가 완성됩니다.

피치 플로라

· 난이도 ♥♥   · 준비물 4cm 폭 망사리본 60cm 이상

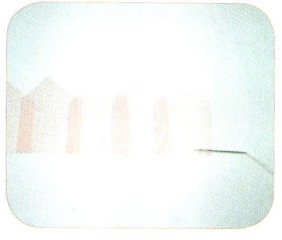

1 4cm 폭 망사를 3cm로 재단해 준 다음, 끝을 뾰족하게 만들어주세요.

2 0.5cm 씩 겹쳐놓고,

3 리본 끝을 따라 바느질 해 주세요.

4 30~40장 정도 연결하면 풍성한 느낌의 모티브를 만들 수 있습니다.

5 모두 연결하신 다음, 처음 시작한 곳을 통과해서,

6 원형으로 만들어 준 후, 매듭짓고 마무리 해주세요.

7 펠트지를 이용해서 뒤편을 마무리 해주세요.

8 다시 앞쪽으로 돌려서,

9 장식단추로 마무리 해주세요.

달콤 tip
꽃잎이 많을수록 풍성한 모티브가 완성됩니다.

옐로 베이비

· 난이도 ♥♥♥   · 준비물 12cm 폭 망사리본 60cm 이상×2장

1 망사리본을 재단해서 15cm 폭으로 접어서 준비해주세요.

2 끝을 원형프릴 모양으로 재단해주세요.

3 반대쪽도 프릴모양으로 재단해주세요.

달콤 tip
중심을 기준으로 반으로 잘라서, 프릴을 지그재그로 겹치지 않게 놓고 바느질 해도 된답니다.

4 중심을 기준으로 반 접어 올려주세요.

5 아랫단을 따라 바느질 해주세요.

6 끝까지 바느질 하셨다면,

7 처음 바느질한 곳을 통과해서, 원형으로 만들어 준 후 매듭짓고 마무리 해주세요.

8 옆면을 잡은 후

9 2겹의 망사를 손으로 펼쳐주세요.

10 같은 모양으로 2개의 모티브를 만들어주세요.

11 2층으로 올려주고,

12 뒷면으로 돌려서, 펠트지로 마감해주세요.

13 앞쪽 중심은 장식단추 등을 붙여주세요.

러블리 핑크 빅 리본

· 난이도 ♥♥♥   · 준비물 10cm 폭 망사 45cm×5장 / 40mm 폭 리본 30cm×1장

1 10cm 폭으로 재단한 망사 리본을 준비해주세요.

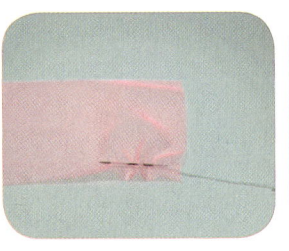

2 아랫쪽에서 1cm 올라온 곳을 바느질 해주세요.

3 끝까지 다 하셨으면 실을 잡아당겨서 매듭짓고 마무리 해주세요. 같은 모양으로 두 개를 만들어 주세요.

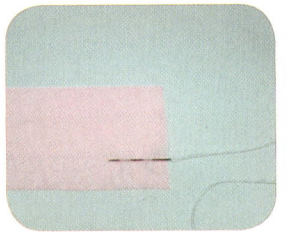

4 그 다음은 아래쪽에서 3cm 정도 올라온 곳을 바느질 해주세요. 같은 모양으로 두 개를 만들어 주세요.

5 만들어 놓은 리본의 중심을 각각 붙여주세요.

6 가운데를 잘 눌러서 붙여주세요.

7 3cm 짜리도 가운데를 맞춰서 연결해주세요.

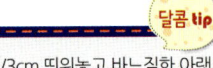

달콤 tip
1cm/3cm 띄워놓고 바느질한 아랫부분을 겹쳐서 붙여주면 됩니다.

8 1cm 짜리를 아래쪽으로, 3cm 짜리를 윗쪽으로 붙여주세요.

9 그러면 층이 생기면서 아래 위 망사리본이 나비모양으로 만들어집니다.

10 40mm 공단리본을 20cm로 재단해주세요.

11 나비보우를 접어주세요.

12 가운데를 주름 잡아주세요.

13 남아있는 망사리본 1장으로 나비보우를 감싸주세요.

14 가운데를 주름 잡아주시고

15 만들어 놓은 망사 나비 모티브 위에 올려주세요.

16 중심은 입술마무리로 해 주세요.

달콤 tip
입술마무리 한 위로 줄란등을 이용해 한층 돋보이게 만들수 있답니다.

엘레강스 크라운

· 난이도 ♥♥ · 준비물 글리터 왕관 1개 / 진주알 한줄
10cm 폭 망사 30cm / 10mm 공단리본 20cm

달콤 tip

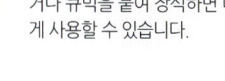

왕관의 끝부분을 반진주로 장식하거나 큐빅을 붙여 장식하면 더 예쁘게 사용할 수 있습니다.

1. 진주알을 왕관 둘레만큼 준비해주세요.

2. 왕관 아랫부분으로 진주알을 붙여주세요.

3. 망사원단을 준비해주세요.

4. 위쪽으로 반으로 접어서 준비해주세요.

5. 아래쪽을 따라 바느질 해주세요.

6. 끝까지 바느질 해주고, 끝에서 잡아당겨 매듭짓고 마무리 해주세요.

7. 준비해 둔 왕관 장식에,

8. 왕관장식의 뒷부분 쪽으로 망사리본을 붙여주세요.

9. 10mm 공단리본으로 나비보우를 만들어 주세요.

10. 양쪽 리본 끝을 앞으로 'X'자로 교차한 뒤,

11. 뒷 리본 끝으로 앞쪽 교차 지점을 올려서 잡아주세요.

12 가운데를 주름 잡아준 뒤, 입술마무리로 마감처리 해주세요.

13 망사의 위쪽으로 리본을 붙여주세요.

고리 진주와 고리 큐빅으로 포인트를 줄 수 있습니다.

민트초코

· 난이도 ♥♥♥♥ · 준비물 10cm×10cm 재단 망사 20장

원단으로도 가능한 기법입니다.

1 재단한 망사를 준비해주세요.

2 반으로 접어주세요.

3 접어놓은 망사리본을 또다시 반으로 접어주세요.

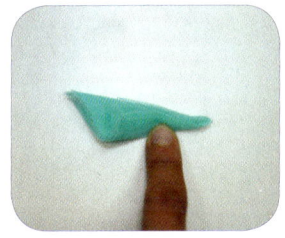

4 중심을 기준(재단한 사각형 망사리본의 정중앙)으로 삼각형이 되게 한번 더 접어주고,

5 그 상태에서 또한번 접어주세요.

6 동전 등을 이용해서 끝을 동그랗게 재단해 주세요.

7 깨끗하게 재단한 후,

퍼진 둥근 모양이 아니라, 끝에 맞춰서 반원을 정확하게 보이게끔 재단하면 훨씬 더 예쁜 모티브가 완성됩니다.

8 펼치면 꽃모양으로 재단됩니다.

9 재단한 리본을 반으로 올려 접어주세요.

10 다시 반을 접어준 뒤,

11 중심쪽 끝부분을 바늘로 통과시켜 주세요.

12 같은 방법으로 20장 연결해주세요. 그리고 끝에서 매듭짓고 마무리 해 주세요.

13 펼치면 자연스럽게 꽃 모양이 나옵니다.

달콤 tip
풍성한 모티브를 원한다면 30장 이상을 연결하시면 됩니다.

14 뒤편은 펠트지로 마감해 주세요.

달콤 tip
금속 잎사귀 장식 등을 추가해주면 더 예쁘게 활용할 수 있습니다.

파페포포 볼

· 난이도 ♥♥♥♥　· 준비물 10cm 재단망사 60cm (볼 6cm 재단망사 60cm×2장)

달콤 tip
처음 바느질할 때 매듭이 빠지기 쉬우므로 매듭을 크게 짓거나, 한번 더 돌려서 한땀 뜨신뒤 바느질 하면 쉽게 할수 있습니다.

1 재단된 망사를 준비해 주세요.

2 망사 가운데를 바느질 해주세요.

3 주름을 잡아가면서 바느질 해주세요.

4 끝까지 바느질을 다 한 후

5 처음 바느질했던 곳으로 가서 바늘을 통과해주세요.

6 그러면 바느질한 가운데를 중심으로 양쪽이 나비모양이 됩니다.

7 양쪽 리본의 중심을 손으로 눌러주세요.

8 한쪽 방향으로 돌려서

9 꽃모양으로 만들어주세요.

10 펠트지를 준비해서,

11 뒤편에 고정시켜 주고,

12 다시 앞쪽으로 내려놓고,

13 볼륨을 살려주세요.

14 가운데를 중심으로 장식을 추가해도 예쁘게 마무리할 수 있습니다.

+++플러스+++

1-1 아래쪽으로 바느질 해주세요.

1-2 8cm / 10cm 동일한 방법으로 만들어 주세요.

1-3 10cm는 2set / 8cm는 1set 입니다.

1-4 리본의 방향을 옆으로 돌려 주세요.

1-5 아랫부분에 바느질 해주세요.

Part 4
오간디, 심지, 레이스, 와이어 리본

오간디 리본
투명하게 비치는 얇은 리본으로 부드럽고 가벼운 느낌이라
여름용 악세사리나 코사지, 선물 포장 등에 많이 쓰이는 리본입니다.

•

망사 심지
주로 의류의 허리벨트 부분 등 원단에 힘을 주기 위해 덧대는 플라스틱 소재의 망사로,
이를 활용해서 약간 빳빳한 느낌의 웨딩 리본 등으로 많이 만들어 쓰거나,
원단을 감싸 리본에 힘을 주어 빳빳한 느낌의 리본핀을 만들 때 쓰이는 소재입니다.

•

레이스 리본
의류에 많이 사용되어지는 리본으로 여성스러움이나 사랑스러움을 표현할 때 가장 많이 쓰이는
리본이며, 소재의 다양함과 무늬의 다양성 때문에 기본적인 접기 기법으로도
색다른 느낌의 리본을 만들 수 있는 소재입니다.

•

와이어 리본
리본의 양끝 가장자리에 와이어가 들어있는 리본으로
특별히 모양을 잡지 않아도 볼륨감이 나타나는 리본입니다.

Tip 레이스 리본, 오간디리본, 와이어 리본, 망사 심지 등 이 책에 나오는 리본 등은 리본을 먼저 재단하지 마시고 설명에 따라 한번 접어 본 뒤, 만들고자 하는 리본의 크기에 따라 재단해서 사용하는 방법을 추천합니다.

오간디 로즈

· 난이도 ♥♥♥♡ · 준비물 40mm 오간디 리본 1 yard / 10mm 공단리본 30cm

달콤 tip
오간디 및 망사류는 글루질할 때 화상에 조심해야 합니다.

1 오간디 리본을 준비해주세요. 40×40 으로 재단한 뒤, 둥근 사다리꼴 모양으로 오려주세요.

2 색이 다른 포인트 컬러 오간디도 5장정도 준비해주세요.

3 올이 풀리지 않게 살짝 불질해주세요.(20~30장 정도 만들어주세요.)

4 빠른속도로 파란불꽃에서 지짐질하면, 끝쪽이 살짝 휘어지게 됩니다.

5 아주 약간 휘어지게 만들어주세요.

6 흰색, 핑크색 모두

7 열처리 해주세요.

8 먼저, 흰색 오간디 리본의 아랫부분을 바느질해주세요.

9 조금씩 겹쳐서 바느질 해주세요.

10 모두 바느질한 뒤,

11 끝부터 잡고 말아주세요.

12 끝까지 말아주신 뒤, 글루로 조금씩 고정해 주세요.

13 그리고 포인트 핑크 꽃잎은 글루로 끝쪽을 돌아가면서 붙여주세요.

14 10mm 공단리본을 준비한 뒤,

15 더블 나비보우를 만들어주세요.

16 리본이 만들어 졌다면

17 가운데를 주름잡고 입술 마무리 해주세요.

18 핀에 만들어 놓은 오간디 꽃과 리본을 붙여주면 완성됩니다.

화이트 히로인

· 난이도 ♥♥　　· 준비물 40mm 폭 오간디 리본 20cm×4장 / 50cm×1장 / 70cm×1장

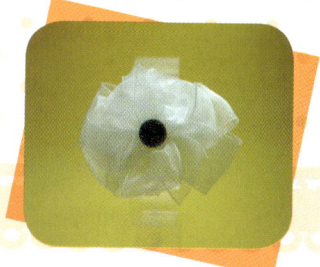

1 우선 20cm자른 오간디 리본을 준비해주세요.

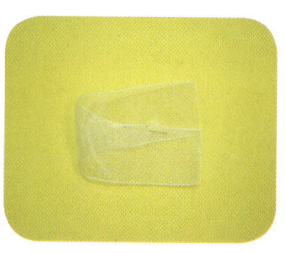

2 오른쪽 아랫부분을 기준으로 왼쪽리본을 내려 접어주세요.

3 가운데 부분을 잡고,

4 주름을 잡아주세요.

5 같은 방법으로 총 4개의 리본을 만들어 주세요.

6 리본 두개를 가운데 주름 잡은 부분이 겹쳐지게 붙여주세요.(리본 방향과 무관합니다) 남은 두 개의 리본도 같은 방법으로 만들어 주세요.

7 2개의 모티브가 완성되었으면

8 만들어 놓은 2개의 모티브도 붙여주세요.

9 꽃 모티브를 잠시 놓아둔 후, 더블 나비보우를 접어주세요.

10 왼쪽부터 중심을 기준으로 오른쪽으로 접어주고

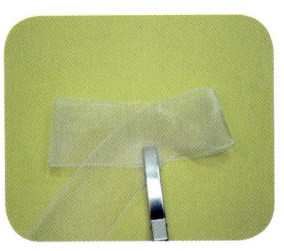

11 오른쪽 리본을 왼쪽으로,

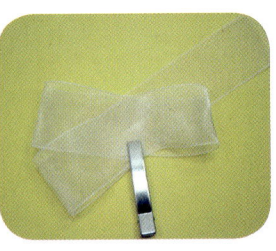

12 왼쪽 아래로 내려온 리본을 돌려서 오른쪽 위로,

13 다시 앞으로 내려서,

14 가운데를 주름잡아서 마무리 해주세요.

15 만들어 놓은 두 개의 모티브를

16 붙인 다음, 장식 단추로

17 중심을 마무리 하면 완성 됩니다.

마이 프린세스

· 난이도 ♥ · 준비물 60mm 망사심지 40cm×4장

1. 40cm 망사심지로 기본보우 2개와, 기본보우 2개를 2층으로 쌓은 보우를 하나 만들어 주세요.

2. 기본 보우 하나를 제일 아래쪽에 놓고,

3. 방향을 틀어서 2층보우를 올려주세요.

4. 나머지 기본 보우는,

5. 아래쪽으로 틀어지게 (각각 방향이 살짝 틀리게) 붙여 주세요.

6. 중심을 잘 맞춰서 붙여주세요.

7. 중심은 10mm를 리본으로

8. 일반 마무리 해주세요.

달콤 tip

망사심 리본은 다루기 힘든 리본중의 하나로, 중심을 잡을때에 끝부분이 빠져나오거나 풀릴 우려가 있습니다. 항상 접착제나 글루로 단단히 붙여준 후 다음작업을 하는 것이 좋습니다.

블랙스완

· 난이도 ♥♥♥♥♥   · 준비물 60mm 망사심지 2yard

망사심지는 재단하지 않고 모티브의 크기를 봐가면서 재단해서 사용하세요.

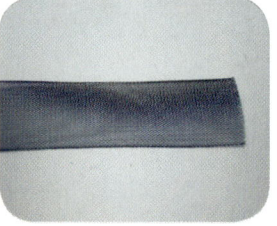

1 망사 심지를 준비해주세요.

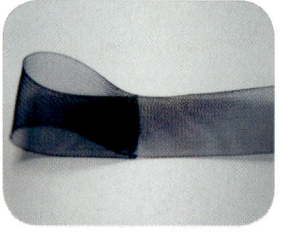

2 왼쪽에서 10cm정도 들어서 오른쪽으로 접어주세요.

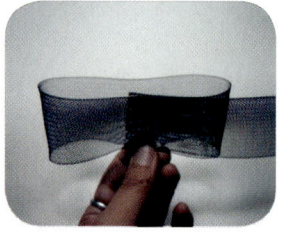

3 오른쪽도 10cm 정도 들여서 중심으로 접어준 다음, 리본을 사진처럼 방향을 돌려서 잡아주세요.(리본끝이 오른쪽으로 오게 잡아주면 됩니다.)

4 오른쪽으로 간 리본을 다시 왼쪽으로 접어주는데, 이때 아래쪽 리본보다 사이즈를 조금 작게 잡아주세요.

5 왼쪽 리본을, 다시 오른쪽으로 한번 더 접어주세요.

6 리본을 중심에서 컷팅해주세요. 크기에 맞춰서 링을 만들어 주시는게 중요합니다.

7 제일 위쪽 리본은 끝이 안쪽으로 올 수 있도록 잡힌 리본을 풀어서, 끝을 안쪽으로 동그랗게 말아주세요.

8 그리고 다시 중심을 눌러 잡아주세요.

9 중심을 잘 잡아주신 뒤,

10 철사 등을 이용해서 가운데를 주름잡아 주세요.

11 망사심지는 리본과 달리, 주름이 꽉 잡히지 않고, 미끄러져서 빠질 염려가 크기 때문에 주름잡은 상태에서 접착제로 단단히 고정시켜 주어야 합니다.

12 만들어 놓은 리본보다 양쪽으로 5cm 정도 길이가 길게 리본을 재단해 주세요.

13 끝부분을 와이어 등으로 잘 묶어 고정시켜 주신 뒤, 가지런히 잘라주세요.

14 라이터의 파란불꽃으로 끝을 살짝 녹여 뭉쳐지게 만들어주세요.

15 양끝 모두 동일한 방법으로 끝을 모아 붙여준 뒤 와이어를 제거해주세요.

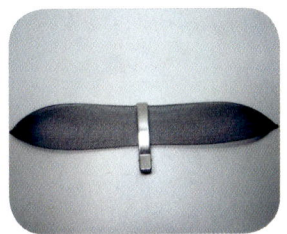

16 리본의 중심을 잡아준 뒤,

17 주름잡아서 준비해 주세요.

18 두 모티브가 준비되었다면, 2층 리본 아래로 긴 리본을 붙여주세요.

19 중심을 맞춰서 잘 붙여주세요.

20 중심은 10mm 리본으로 마무리 해주세요.

21 마무리한 리본 위로 왕관 장식과 미니 더블 나비보우를 준비해서

22 앞쪽으로 왕관을 세워서 붙여준 후

23 뒤쪽으로 더블 나비보우를 붙여주면 완성됩니다.

달콤 tip

화이트 컬러로 만들어도 예쁜 리본입니다.

플루트 비올

· 난이도 ♥♥   · 준비물 40mm 망사심 40cm×2장 / 망사심을 충분히 감쌀만큼의 원단 2장

1 망사심 2장을 재단해 주세요.

2 망사심이 충분히 덮힐만큼의 원단을 재단해서 준비해 주세요.

3 원단 양 끝쪽으로 양면테잎을 붙여주세요.

4 망사심도 양끝으로 양면테잎을 붙여주세요.

5 망사심은 테잎 붙인면을 안쪽으로 놓고,

6 위쪽부터 내려서 붙여주세요.

7 아래쪽도 위로 올려붙여주세요.

8 원단 끝쪽으로 양면테잎이 붙어있기 때문에 올풀림 걱정은 안해도 됩니다.

9 끝쪽 원단은 심지 크기에 맞춰서 안쪽으로 접어서 붙여주세요.(글루나 양면테잎 모두 사용가능합니다.)

 달콤 tip

심지는 원단 색상에 맞춰서 비치지 않는 색상을 사용해 주세요.

10 원형으로 끝을 겹쳐서 잡고,

11 중심을 눌러 잡아준 뒤,

12 주름을 잡아주세요.

2개의 리본 사이즈를 다르게 해도 된답니다.

13 같은 모양으로 2개의 리본을 만들어 준 후,

14 비스듬하게 리본을 겹쳐서 붙여주세요.

15 가운데는 줄란으로 마무리 해줍니다.

레이첼 레이스

· 난이도 ♥   · 준비물 15~20cm 양쪽 모티브 레이스 40cm×2장

1 레이스 리본을 길이에 맞게 재단해주세요.

2 중심을 기준으로 왼쪽부터 접어주세요.

3 오른쪽도 마찬가지로 중심을 향해 접어주세요. 이때 중심은 2~3cm정도 리본을 겹쳐주세요.

4 가운데를 따라서 바느질 해 주세요.

5 잡아당겨 주름을 만들어 주세요.

6 방향을 돌려 리본 가운데를 잡아준 후,

7 실을 2~3번 돌려서 매듭짓고 마무리 해주세요.

8 같은 모양의 리본을 2개 만들어 주세요.

9 2층으로 올려 풍성하게 만들어 주세요. 진주알 장식을 준비해주고

10 진주알 장식을 2줄로 만들어 준 후,

11 가운데 중심을 진주알로

12 감아서 마무리 해주세요.

175

메이비 플라워

· **난이도** ♥ · **준비물** 15cm 폭 한면 레이스 20cm×6장   한쪽면 레이스라면

1 한 면이 레이스로 장식된 원단을 크기에 맞게 재단해서 준비해주세요.

2 재단해 놓은 레이스 리본의 중심을 기준으로 왼쪽부터 접어주세요.

3 오른쪽도 마찬가지로 왼쪽으로 접어주는데, 이때 가운데 부분은 양쪽 리본이 1cm 정도 겹치게 놓아주세요.

4 무늬가 있는 끝부분에서 1cm정도 위쪽 지점에서 바느질 해주세요.

5 끝까지 바느질한 뒤, 잡아당겨 주름을 만들고 매듭지어 마무리 해주세요.

6 필요없는 끝부분은 잘라주세요.

7 같은 방법으로 2개의 모티브를 만들어 주세요.

8 남아있는 2장의 레이스 리본은,

9 펼쳐진 상태에서 무늬의 끝부분에서 바로 바느질 해주세요.

10 끝까지 바느질 한 뒤, 주름 잡고 매듭지어 마무리 합니다.

11 불필요한 끝부분은 깨끗이 잘라주세요.

12 같은 모티브를 2개 만들어서 준비해 주세요.

13 먼저 만들어 놓은 모티브 2개를 중앙을 마주보게 놓고 붙여주세요.

14 단단히 고정시켜 주시고

15 나머지 두 개의 모티브도 중심을 마주보게 놓고 붙여주세요.

16 두 개의 나비 리본이 만들어 졌다면,

17 처음 만들었던 리본 위로 두 번째 만든 리본을 올려주세요.

18 아래쪽 리본을 위쪽 리본이 감싸는 모양을 만들어 주세요.

  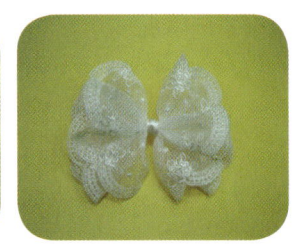

19 옆모습입니다.

20 중심은 레이스 리본의 색상에 맞춰서 10mm 리본을 준비해주세요.

21 한바퀴 둘러서 일반 마무리합니다.

바이올렛 멜로디언

· 난이도 ♥♥♥   · 준비물 60mm 폭 와이어 리본 2yard

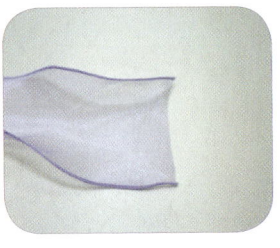

1 와이어 리본을 재단해서 준비해주세요.

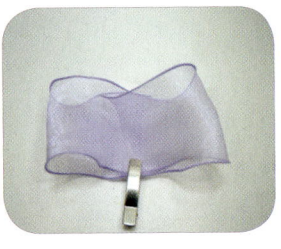

2 먼저 22cm 재단한 리본으로 기본 보우를 만들어 주세요.

3 가운데 주름을 잡아 완성해 놓습니다.

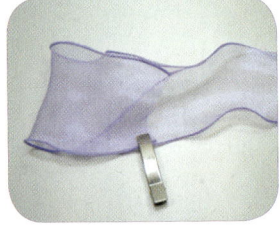

4 나머지 리본으로는 먼저 12cm 정도 오른쪽으로 접어주세요.

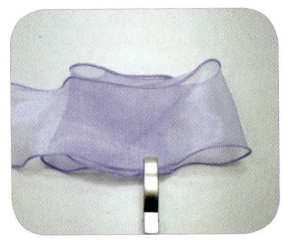

5 반대방향인 오른쪽 리본도 같은 길이로 왼쪽으로 넘겨 접어주시고

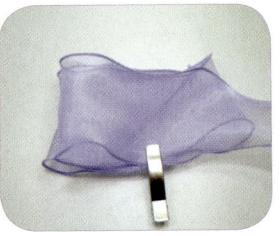

6 다시 같은 크기로 접어서 오른쪽으로 넘겨주세요.

달콤 tip
리본의 길이를 뒤편 보우보다 짧게 해주셔도 됩니다.

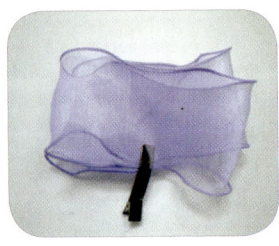

7 다시 왼쪽으로 넘겨주신 뒤, 중심을 기준으로 맞게 잘라주신 뒤, 가운데를 주름잡아 주세요.

8 연결된 2층 보우 하나와 기본 보우를 놓고,

9 엇비슷하게 놓아주세요.

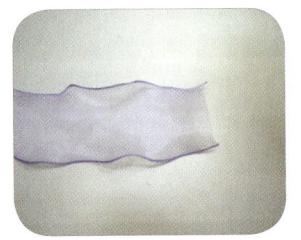

10 남아있는 리본으로 더블 보우를 접어주세요.

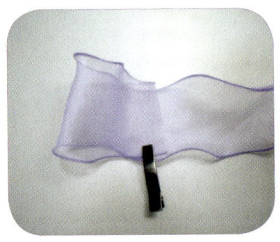

11 오른쪽으로 12cm 접어주신 다음,

12 왼쪽 아래로 12cm 내려 접어주시고,

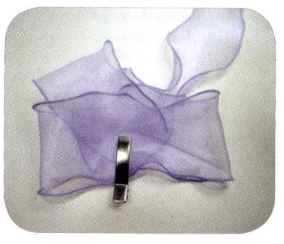

13 왼쪽 아래로 내려온 리본을 뒤쪽으로 돌려서 오른쪽 위쪽으로 보내주세요.

14 오른쪽 위로 올라간 리본을 중심으로 내려 접어주신 뒤 길이에 맞게 잘라주시고,

15 가운데 주름을 잡아 주세요.

16 더블 나비보우 모양입니다.

17 두 개의 모티브 중,

18 더블 나비보우를 아래쪽으로 해서 잘 붙여 주세요.

19 잘 붙였다면,

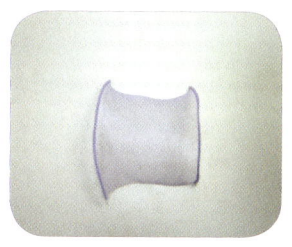

20 남아있는 리본을

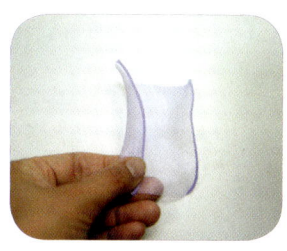

21 중심을 향해 왼쪽부터 접어주세요.

22 오른쪽도 마찬가지로 접어주세요.

23 접어놓은 리본으로

24 중심을 마무리 해주세요.

블랙 골드 블라썸

· 난이도 ♥   · 준비물 와이어 이중 샤링 망사 90cm 이상

1 와이어 이중 샤링 망사를 재단해서 준비해주세요.

2 이중 샤링이 잡혀있는 가운데 부분을 바느질 해주세요.

3 90cm 정도 또는 더 넉넉하게 리본을 바느질 해주세요.

4 끝까지 바느질을 다 하셨다면, 처음 바느질 시작한 곳으로가서 바늘을 통과한 후, 잡아당겨 매듭짓고 마무리 해주세요.

5 자연스럽게 원형으로 모양이 잡히게 됩니다.

달콤 tip

리본 자체의 모양이나 볼륨이 살아나기 때문에, 별다른 기법이 없이도 손쉽게 예쁜 모티브를 만들 수 있습니다.

큐티엔젤

· 난이도 ♥♥　　· 준비물 이중 와이어 쉬폰 리본 1yard

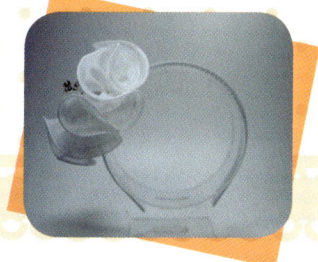

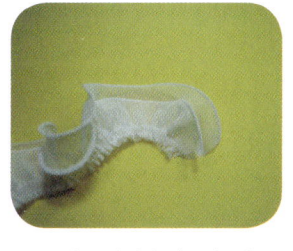

1 이중 와이어 쉬폰리본을 준비해주세요.

2 리본의 끝을 따라 바느질 해주세요.

3 끝까지 바느질 하신 뒤,

4 처음 바느질을 시작한 곳을 통과하여

5 원형으로 만들어 주세요.

6 뒤쪽으로 가운데를 뭉쳐잡고 열처리 해주세요.(올풀림 방지와 리본을 깨끗하게 처리하기 위함입니다.)

7 가운데 벌어진 구멍을.

8 일자로 모아서 붙여주세요.

9 꽃잎이 서로 겹치지 않게 붙이면 됩니다.

10 네잎클로버처럼 네방향으로 다 붙여주세요.

11 중심보다 앞쪽으로 붙여주세요.

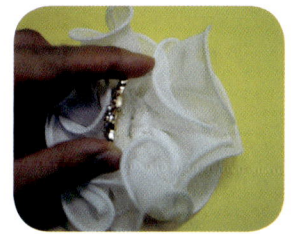

12 왕관 뒤편으로 모아서 붙이면 중심이 보여지는데.

13 10mm 리본으로 더블나비 보우를 접어서.

14 왕관 뒤편.

15 중심으로 붙여주세요.

Part 5
원단리본

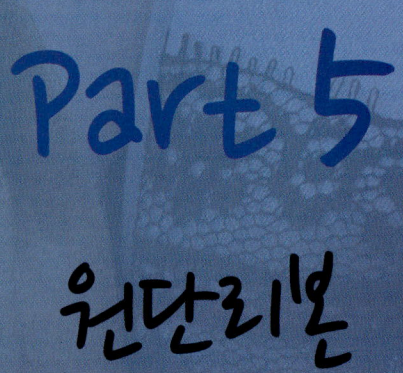

원단리본은 넓은 원단을 이용하는 방법과 원단을 리본형태로 제작하는 방법이 있습니다.
넓은 형태의 원단은 다양성에 있어서 장점이 있는 반면, 올풀림에 유의하여야 하며,
원단을 리본형태로 제작하는 경우 다양성은 떨어지나 올풀림이 없어
만들기 쉽다는 장점이 있습니다.

유행이 지난 작은 옷 또는 작아져서 못 입는 옷 등도 훌륭한 원단리본의 재료가 될 수 있다는게
또하나의 장점입니다. 불질에 유의하시면 다양한 형태의 꽃이 표현가능하다는
장점을 가진, 원단리본은 무궁무진한 매력을 가지고 있습니다.

단, 면소재나 마소재의 원단은 불질이 불가능하니,
먼저 한번 테스트 한뒤 사용하시기 바랍니다.

뒷면. 오려서 사용하세요

원단리본의 기본

1. 원형

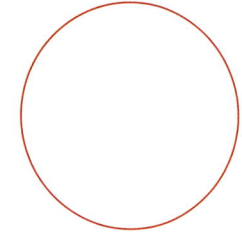

2. 타원

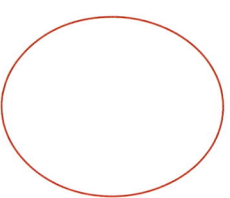

3. 삼각형

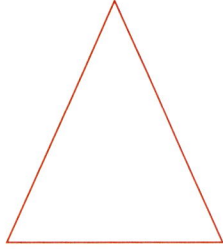

4. 사다리꼴

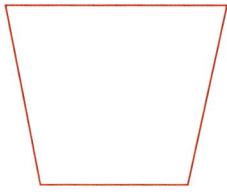

5. 오각형

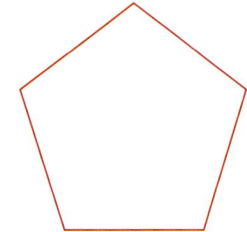

6. 육각형

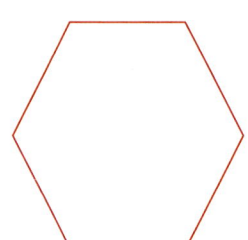

뒷면 오려서 사용하세요

더블라엘

· 난이도 ♥   · 준비물 폭 6cm 모직리본 9cm×2장 / 폭 6cm 모직리본 12cm×2장

특별히 올풀림이 없으나, 끝은 열처리를 해주면 더 깨끗하게 사용하실 수 있습니다.

1 모직리본을 재단해서 준비해주세요.

2 먼저 12cm 리본을 두장 펼쳐주세요.

3 2cm 겹쳐서 놓아주세요. 순서는 무관합니다.

4 가운데를 주름잡아 주세요.

5 9cm는 12cm와 겹쳐진 방향을 반대로 놓고,

6 동일하게 가운데를 주름잡아주세요.

7 두장을 모두 만들었다면,

8 겹쳐서 붙여주세요.

9 입술마무리로,

10 중심마무리 해주면 완성됩니다.

엔젤아이즈

· 난이도 ♥   · 준비물 60mm 모직리본 20cm

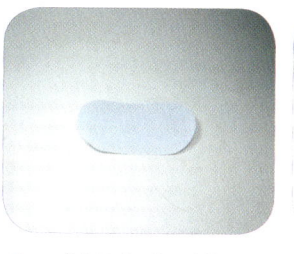
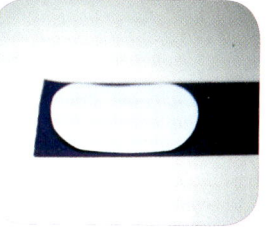

1 모직 리본을 준비해주세요.

2 리본 폭에 맞는 타원모양의 스케치를 미리 그려두세요.

3 리본 위에 스케치를 놓고,

4 깨끗하게 잘라주세요.

5 가운데를 주름 잡아주세요.

6 약간 크기가 다른 모티브를 하나 더 만들어 주시고,

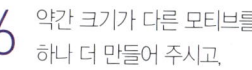

달콤 tip
올풀림이 없는 원단이라면 활용 가능한 리본입니다.

7 2층으로 올려주세요.

8 가운데는 입술마무리로 마감해주세요.

블루스카이

· 난이도 ♥   · 준비물 12cm×20cm 원단 2장

1 두장의 원단을 접어놓고 타원형으로 잘라주세요.

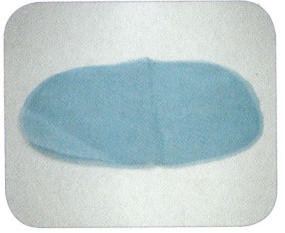

2 펼치면 타원형이 나오게 됩니다. 스케치를 대고 잘라도 무관합니다.

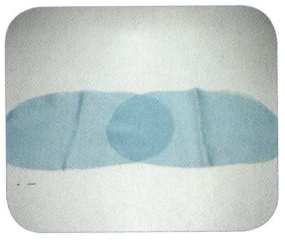

3 그리고 끝부분을 열처리로 올이 안풀리게 해주시고, 원단이 중심으로 1/4 정도 겹치게 놓아주세요.

오간디 및 망사류는 글루질할 때 화상에 조심하셔야 합니다.

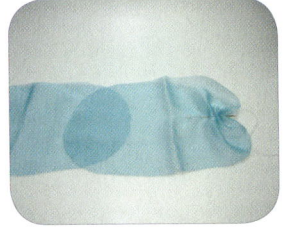

4 겹쳐진 원단을 중심으로 바느질 해주세요.

5 끝까지 바느질 하셨다면, 잡아당겨 주름을 만들고, 매듭지어 마무리 해주세요.

6 중심은 일반 마무리, 입술 마무리 모두 가능합니다

허니플라우

- **난이도** ♥♥♥
- **준비물** 쉬폰원단 지름 4cm 원형 35장 / 3mm 공단리본 30cm / 진주알 1알

1 쉬폰 원단을 준비해주세요.

2 쉬폰 원단을 잘 접어서, 4cm 내외의 원형으로 밑그림을 그려주세요.

3 밑그림에 맞게 재단해 주세요.

4 각 재단된 쉬폰은 끝부분에 열처리를 해야 합니다. 아래쪽에서 0.5~0.7cm 올라온 곳에서 바느질 해주세요.

5 총 10장을 연결하고,

6 처음 바느질한 곳을 통과해서

7 원형으로 만들어 준 후, 평평하게 펼쳐주세요

8 같은 방법으로 20장을 연결해주세요.

9 다 연결하셨다면,

10 처음 바느질한 곳을 통과해서 매듭짓고 마무리해주세요.

11 처음 만든 모티브 보다 풍성한 모티브가 만들어 집니다.

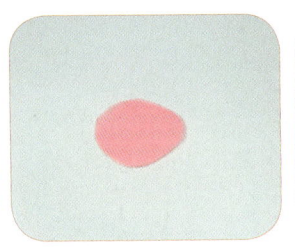
12 남아있는 5장중에

13 먼저 한 장을 돌돌 말고

14 한 장씩 글루를 바르고

15 원단을 점점 추가하면서 중심을 만들어주세요.

16 5장을 모두 붙였다면,

17 가운데 쪽으로 바늘을 통과해서, 2~3 땀 뜨고

18 실로 감아 준 다음,

19 아래쪽은 가위로 자르고 열처리 해주세요.

20 3개의 모티브를 다 만들었다면,

21 만들어 놓은 순서대로 10장, 20장, 5장 올려서 붙여주세요.

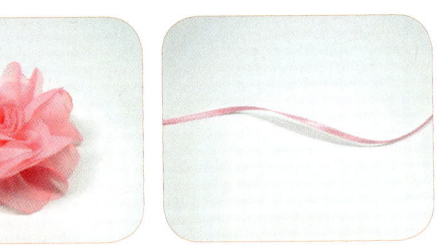
22 같은 모양으로 2개의 리본을 만든 뒤,

23 손가락 3개를 이용해서 리본을 손가락에 감아주세요.

24 세번 감아준 다음, 리본 양끝을 아래 위로 빼주세요.

25 손에서 리본을 뺀 뒤,

26 그대로 잡고 가운데를 접으면 이렇게 나비링 4개가 한쪽으로 모이게 됩니다.

27 나비링의 중심으로 빠지지 않게 바느질로 2~3땀 떠서 고정시켜주세요.

28 끝을 15cm 정도 남겨놓고 잘라주세요.

29 진주알 하나를 준비해주세요.

30 모티브와 진주알, 나비링 모두 준비해주세요.

31 나비링에 진주알을 먼저 붙여주세요.

32 모티브의 중심에서 오른쪽 부분으로 나비링을 붙여주세요.

달콤 tip

바느질 또는 글루로 고정시켜주세요.

스윗봉봉

· 난이도 ♥　· 준비물 공단원단 6cm×6cm 20장

1 6cm×6cm 공단원단을 준비해주세요.

2 반으로 접어주세요.

3 다시 또 반으로 접어준 뒤,

4 한번 더 반으로 접어주세요.

5 그리고 끝을 원형으로,

6 잘라주세요.

7 펼치면 꽃모양이 됩니다.

8 라이터를 이용해서 끝을 열처리 해주세요.

9 6cm×6cm 원단에서 사이즈를 차츰차츰 줄여서 6장, 5장, 4장, 3장 이렇게 준비해주세요.

10 무늬가 서로 겹치지 않게 쌓아주세요.

11 층층이 꽃잎을 올려주세요.

12 중심을 잘 눌러잡고,

13 중심으로 바늘을 통과해서, 단단하게 고정시켜 주세요.

14 바늘로 한땀 떠준 뒤, 진주알을 바늘로 고정시켜 주세요.

15 진주알, 비즈 등을 붙여서 장식해주세요.

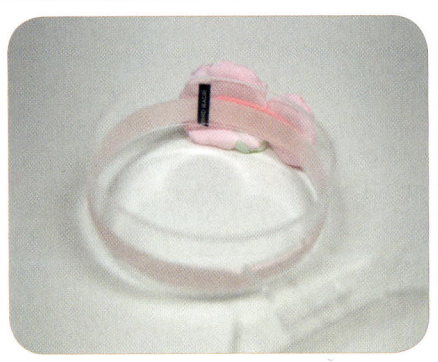

미니미 로미안

- **난이도** ♥♥♥   · **준비물** 40mm 공단원단 4cm×4cm 18장

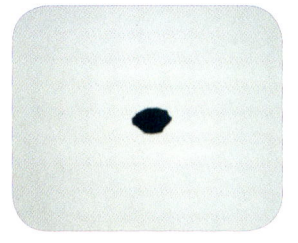

1 꽃잎 프린트를 준비해서

2 원단 위에 놓고,

3 잘라 주세요.

4 테두리 부분은 올이 풀리지 않게 열처리를 해주세요.

5 꽃잎을 조금씩 겹쳐놓고 아랫단을 따라 바느질 해주세요.

6 6~8 장 정도 바느질 해주세요.

7 처음 바느질 시작한 곳으로 가서,

8 원형으로 만들어 주시고, 매듭지어 마무리 해주세요. 같은 방법으로 2개를 만들어 주세요.

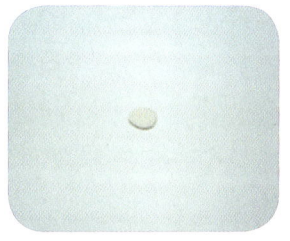

9 2cm 내외의 작은 펠트지를 준비해주세요.

10 펠트지 위로 꽃잎을 하나씩 원형으로 붙여주세요.

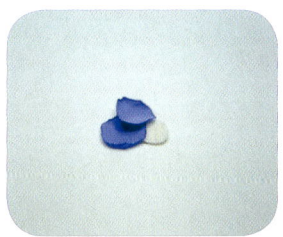

11 글루를 조금씩 붙여가면서 고정해주세요.

12 5~6장 정도 붙여서 원형 베이스를 만들어주세요.

13 만들어 놓은 꽃모티브 2개를

14 베이스 모티브 위에 붙여주세요

15 입체감있게 붙여주세요.

16 중심쪽으로 진주알을 붙여서 완성하면 됩니다.

사루비아

· **난이도** ♥♥♥ · **준비물** 꽃: 쉬폰 원단 8cm×8cm 8장 / 꽃잎: 8cm×8cm 1장

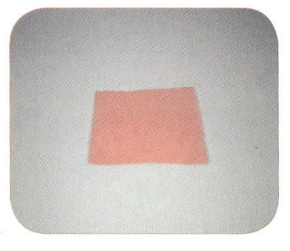

1 8cm×8cm로 재단된 원단을 준비해주세요.

2 반으로 잘라주세요.

3 다시 4등분해서 위쪽을 둥글게 재단해주세요.

4 양 끝쪽을 열처리해 주시고

5 둥근끝에서 1cm 내려온 곳을 파란불꽃으로 재빨리 2~3회 지짐질해서,

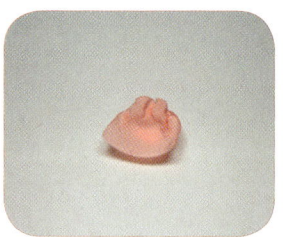

6 꽃잎이 예쁘게 오그라 들게 만들어주세요.

7 같은 방법으로 30~32장 정도 만들면 됩니다.

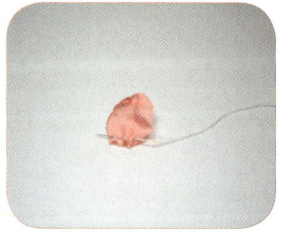

8 만들어진 꽃잎 아랫부분으로 바느질 해주세요.

9 만들어 놓은 꽃잎 모두 바느질 해준 뒤, 매듭지어 마무리 해주세요.

10 약간 길쭉한 모양의 모티브가 만들어 집니다.

11 꽃잎도 동일한 방법으로 만들어 주세요.

12 길게 연결해 준 꽃 모티브 아래쪽으로.

13 꽃잎을 붙여주세요.

뒤편으로 펠트지를 길이에 맞춰 오린 다음, 모티브를 붙이면 훨씬 더 쉽게 고정시킬수 있습니다.

엘리스 플라워

· 난이도 ♥♥♥♥   · 준비물 공단 또는 쉬폰 원단 7cm×7cm 20장

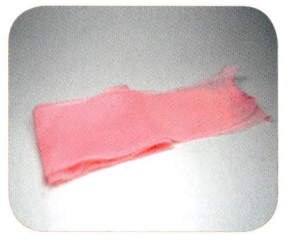

1 쉬폰원단을 준비해주세요.

2 원형으로 원단을 잘라주세요.

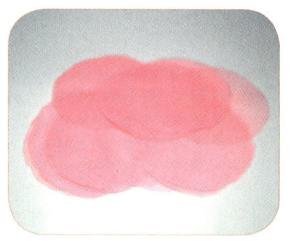

3 10장은 같은크기, 나머지 10장중에 5장은 지름이 1cm 작게, 그리고 나머지 5장은 2cm 작게 잘라주세요.

달콤 tip
크기를 줄이면 더 볼륨감 있는 모티브를 만들 수 있습니다.

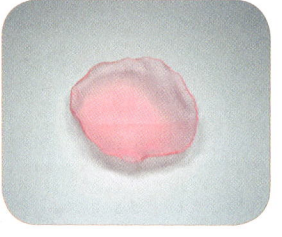

4 한 장씩 잡고,

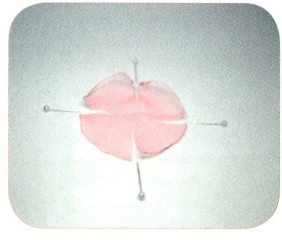

5 불을 가해야하는데요, 끝에서 1cm 정도 안쪽에서 바깥쪽으로 재빨리 불을 가해주세요. 그러면 자연스럽게 가운데로 오그라 들게 됩니다.

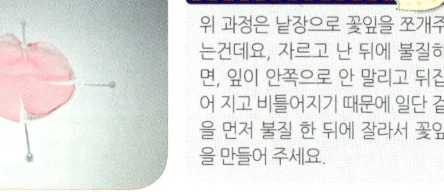

6 그 상태에서 4등분으로 2/3 정도 잘라주세요.

달콤 tip
위 과정은 낱장으로 꽃잎을 쪼개주는건데요, 자르고 난 뒤에 불질하면, 잎이 안쪽으로 안 말리고 뒤집어 지고 비틀어지기 때문에 일단 겉을 먼저 불질 한 뒤에 잘라서 꽃잎을 만들어 주세요.

7 잘라진 부분은 불질로 올이 풀리지 않게 지짐질 해주세요.

8 재단해 놓은 쉬폰을 모두 같은방법으로 만들어서 준비해주세요.

9 크기가 큰 꽃잎부터 겹쳐주세요.

10 꽃잎이 겹치지 않게

11 크기에 맞춰서 차곡차곡 쌓으면 됩니다.

12 중간 사이즈까지 쌓았다면

13 제일 마지막 작은 사이즈 4장은,

14 한 장씩,

15 반을 접어주시고

16 다시 반을 접어서,

17 만들어 놓은 모티브 제일 위쪽으로 올려주세요.

18 총 4장을 모두 같은방법으로 올려주는데, 한 장씩 바느질 하면 됩니다.

19 총 4장을 모두 바느질로 튼튼하게 고정시켜주세요.

20 실이 연결된 상태에서,

21 위쪽으로 올라와서 진주 알과 비즈를 실로 연결해 주세요.

22 실이 아닌 글루로 붙여도 무관합니다.

23 뒤편은 펠트지로 마감해주세요.

Part 6
모티브 및 부자재 활용

1. 플라워 모티브

- 큰 SIZE

  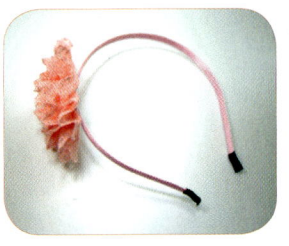

1 모티브는 초보자가 접할 수 있는 가장 쉽고 빠른, 리본 공예의 한 방법으로, 기본 모티브를 활용해서 더 다양한 모양을 만들 수 있습니다.

2 가운데에 크기가 다른 진주 알을 글루를 이용해 붙여주세요.

3 머리띠의 원하는 위치에 붙여준 뒤,

4 달랑거리는 큐빅 장식을 이용해서 포인트를 주면,

5 모티브를 한층 더 예쁘게 사용할 수 있습니다.

- 작은 SIZE

1 모티브의 사이즈가 작다면,

2 캡 고무줄을 이용하여,

3 모티브의 뒤편으로 캡 고무줄을 붙여,

4 포인트 고무줄로 사용할 수 있습니다.

2. 초음파

1 인형 또는 특정형태를 띄는 모티브들 중. 초음파로 재단이 되어 일정한 형태를 띄고 있는 제품을 초음파라고 흔히들 부르는데요.

2 초음파 모티브와 핀 하나만으로도, 간단하고 예쁜 핀을 만들수 있습니다.

3 모티브 뒤편으로 핀을 붙이고, 핸드메이드 라벨로 마무리하시면. 초음파를 활용한 핀이 완성됩니다.

3. 글리터 왕관

- 머리띠

 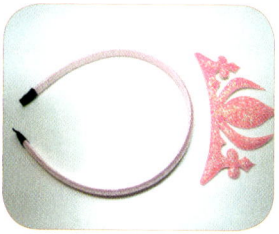 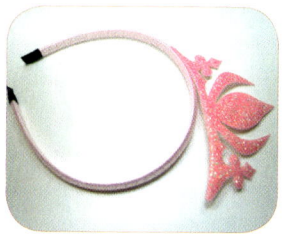

1 반짝거리는 소재의 글리터 초음파 왕관을 머리띠에 바로 붙이는 방법으로.

2 감는 머리띠를 준비하여. 왕관의 중심과 머리띠의 중심을 잘 맞춰준 뒤.

3 머리띠의 최대한 끝쪽으로, 왕관의 한쪽 끝부터 글루로 붙이면 됩니다.

4 머리띠의 끝쪽으로 붙였을 때, 이렇게 왕관이 입체적으로 서있게 됩니다.

5 왕관에 큐빅이나 진주를 이용해 장식해 주면 더 예쁜 머리띠를 만들 수 있습니다.

- 머리핀

1 글리터 왕관의 또 다른 활용법은,

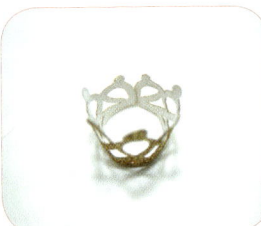

2 왕관을 둥글게 말아, 끝을 살짝 겹쳐서 글루로 고정시켜준 뒤,

3 왕관의 아랫부분 구멍의 크기보다 약간 큰 펠트지를 오려서 준비합니다.

4 왕관 아래쪽으로 펠트지를 붙이고

5 왕관 아랫부분의 둘레에 맞춰 진주를 준비한 뒤,

6 붙이면 됩니다.

7 더 풍성하게 활용하려면, 망사를 준비하여,

8 망사 위쪽으로 왕관을 붙인 다음,

9 더블 나비보우를 하나 만들어서 왕관의 뒤편 중심에 붙여주세요.

10 아래쪽 망사 마감은 펠트지로 한 뒤,

11 집게핀 등을 붙이고 핸드메이드 라벨로 모티브가 떨어지지 않게 고정시켜주세요.

12 글리터 왕관과 망사를 이용해 예쁜 핀을 만들 수 있습니다.

4. 밍크방울

1 겨울철에 특히 많이 사용되는 밍크방울은,

2 여러 가지 모티브에 포인트로 사용되어지거나,

3 끝쪽으로 하나씩 붙여서 꽃모양으로 사용되어 집니다.

5. 싸개단추

- 포인트 핀용 싸개단추

1 가장 많이, 그리고 가장 흔하게 사용되어지는 캐릭터 싸개단추는,

2 먼저, 싸개단추보다 큰 펠트지를 준비하고,

3 싸개단추를 펠트지에 글루로 붙여준 다음,

4 4-5mm 크기의 진주줄을 준비하여,

5 싸개단추를 둘러줄 만큼 진주를 원형으로 만들어 주세요.

213

6 가위로 불필요한 펠트지 부분을 잘라주세요.

7 깔끔하게 잘라진 싸개단추.

8 주름쉬폰으로 만든 원형개더에 올려주시면 싸개단추를 활용한 모티브가 완성됩니다.

- 고무줄용 싸개단추

볼록 형태의 싸개단추는 슈슈 고무줄이나, 캡 고무줄을 활용하여, 포인트로 활용해도 좋습니다.

6. 줄란 (큐빅줄)

- 머리띠

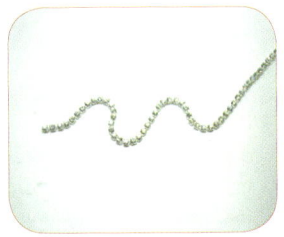 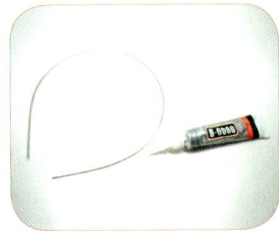 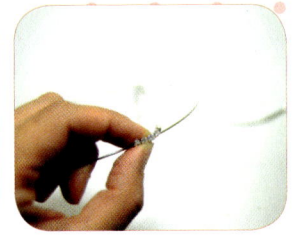

1 줄란, 또는 큐빅줄이라고 부르는 장식은,

2 가는 철사 머리띠에 금속용 본드를 발라준 뒤,

3 끝을 잡고 붙이면 됩니다.

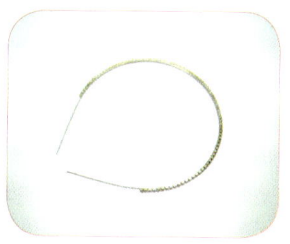  

4 시작지점과 끝지점의 위치를 대칭되게 만들어 주고

5 싸개단추를 둘러줄 만큼 진주를 원형으로 만들어 주세요.

6 금속용 접착제의 경우 완전 경화 시간이 24시간 정도 되기 때문에 접착제가 다 마를 때까지는 그냥 두는 것이 좋습니다.

- 리본 가운데 장식

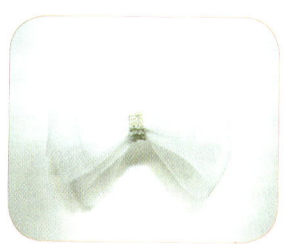

리본의 가운데 장식으로 줄란을 사용해 리본을 더욱 화려하게 만들 수 있습니다.

- 머리핀

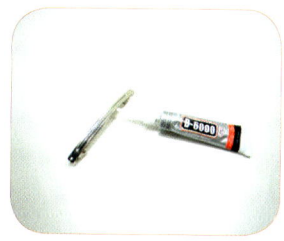   

1 머리핀대에 금속용 접착제를 발라준 뒤

2 줄란을 길이에 맞춰 붙여주세요.

3 시침핀과 같은 얇은 핀으로 줄란의 사이사이 간격을 맞춰주세요.

4 간격이 일정해야 더 예쁜 모양으로 만들어 집니다.

7. 금속장식

- 버클형 금속장식

버클형 금속장식은 리본의 가운데를 마무리할 때 주로 쓰이는 장식입니다. 양쪽으로 리본을 끼워 사용하는 방식으로, 단정한 스타일을 연출하거나, 리본의 가운데 마무리가 어려운 분들이 편리하게 사용할 수 있는 장식입니다.

- 모티브형 금속장식

브롯치나 핀 등 포인트 장식용으로 사용되는 모티브형 금속장식입니다. 금속용 접착제를 이용하여 원하는 곳에 붙여서 사용하거나, 리본 등에 포인트를 주는 용도로 사용할 수 있습니다.

Part 7
포토갤러리

착한 리본공예 DIY 레시피,
{진짜} 왕초보를 위한 핸드메이드 리본핀
Handmade Ribbon-pin for Beginners

지은이	김지은
펴낸곳	에스미디어 www.ymg.kr
발행일	2016년 3월 15일
등록번호	제342-251002009-000002호
주소	대구광역시 동구 괴전동 164-3
대표전화	070-7636-9115
FAX	053-286-7582
홈페이지	www.ymg.kr
E-mail	ymgbook@daum.net
ISBN	978-89-94356-43-3
특별공급가격	19,700원
디자인 진행	홍수미
작품사진촬영	이광희
모델	예린, 채윤, 현서

※불법복사는 지적재산을 훔치는 범죄행위입니다.
저작권법 제 236조(권리의 침해죄)에 따라 위반자는 5년 이하의 징역 또는 5천만원 이하의 벌금에 처하거나 이를 병과할 수 있습니다.

※파본은 구입처에서 교환해 드립니다.